「なるほど、その手があったか！」が量産できる "ひらめき" の作法

株式会社ソルエルブ 代表取締役
株式会社アイディアポイント アドバイザー
東 信和

ファーストプレス

はじめに

「東さん、それ本に書いちゃっていいんですか？　もったいないですよ！」

　これは、本書を執筆するにあたり、友人や編集者から何度となく言われたセリフです。そのたびに、私はいつもこう答えてきました。
「まったく問題ないです」

　理由は 2 つあります。
　1 つ目は、どうすれば、本書で紹介する"ひらめきの作法"（発想法）が優れているかを理解してもらえるだろうかを考えているときに、あるアイデアが浮かんだからです。「そうだ、この発想法を使って、世の中にまだない、新しい商品やビジネスモデルを考えて、それを紹介すればいいのだ！」と。

　一般的な発想法を解説する本のほとんどは、過去の事例に当てはめて、その手法の有効性を説明します。少し厳しい言い方をすれば、「後出しじゃんけん」のようなものです。すでにヒットした商品や成功したビジネスモデルをあとから解説するのは、それほど難しいことではありません。
　物事には、いろいろな見方があります。過去の成功例を引用して解説するスタイルにすれば、どんな発想法でも「この発想法を使えば、あのヒット商品にたどりつける」となってしまいます。これでは、どの発想法がいいのか、かいもく見当がつきません。その結果、世の中には、これこそ最も効果的な発想法と主張する発想法が乱立することになります。

そこで本書では、まだ世の中にない、新たな商品やビジネスのコンセプトを合計14個紹介することにしました。世の中にまだないコンセプトですから、それが面白いか面白くないかはすべて読者に委ねられます。つまり「後出しじゃんけん」ではなく、フェアに、この発想法が使えるのか、それとも使えないのかを読者に判断してもらえるというわけです。

　2つ目の理由は"自信"です。この発想法を修得すると、1時間以内に、まったく新しい「その手があったか！」を1人でヒラメクことが可能となります。要するに、いくらでも量産できるので、公開してもまったく問題がないのです。

　さて、本書には2つの特色があります。
　1つは、本書の内容は、発想法に留まらず「イノベーションを起こす仕組み」についても触れている点です。簡単に言えば、企業においてイノベーションを起こすための仕組みづくりを解説するというものです。これは、イノベーションの専門部隊を率いた前職での経験を基にしています。
　これまでの経験から言うと、面白いアイデアを生み出すだけでイノベーションが誕生する、ということはありません。これは企業、特に大企業において顕著です。組織の力でイノベーションを起こしたい場合には、第1章〜第5章の「ひらめきの作法（発想法）」と第6章〜第8章の「イノベーションを起こす仕組み」を併せて読んでください。そうすれば、より実践的なものとなるでしょう。

本書のもう1つの大きな特色は、"ひらめきの作法"（発想法）のベースが、私がある人から教わったものであるということです。その人とは、私が最も尊敬する人物の1人で、1999年に世界初のUSBフラッシュメモリのベースコンセプトをつくり、その後数百のイノベーションをリード、またドイツのRedDotデザイン賞審査員を務めるmonogoto社の濱口秀司さんです。

　前職でイノベーションの専門組織を任されたとき、私も、メンバーも、イノベーションを生むための作法が必要でした。当時は、多くの発想本を読みあさり、いくつものセミナーに出かけました。しかし、残念ながら「これだ！」というものは見つかりませんでした。

　そんなときに出会ったのが濱口さんです。このときは、まさに衝撃的でした。瞬時に「これだ！」ではなく、「これしかない！」と確信しました。

　したがって本書は、濱口さんの有名な"break the bias"（ブレイク・ザ・バイアス）で始まる手法をベースに、私が実践により編み出した"ひらめきの作法"（発想法）を織り交ぜたハイブリット構成になっています。ぜひ、最後までお付き合いいただければと思います。
　それでは、"3ステップ ひらめきの作法"の世界をご案内します。

　2016年春

　　　　　　　　　　　　　　　　　　　　　　　　　東　信和

INDEX ひらめきの作法

第1章 3ステップ ひらめきの作法

発想段階はブラックボックス？	014
"3ステップ ひらめきの作法"、3つの特徴	016
"3ステップ ひらめきの作法"は手品	020
Case1　アパレルショップの経営を安定させろ	022
Case2　学習塾の経営状況を改善せよ	028
Case3　本屋さんを救え	034

第2章 バイアスを特定する、バイアスを崩す

Case4　ジュースの新商品を企画せよ	042
STEP1　バイアスを特定する	048
STEP2　バイアスを構造化する	049
STEP1-補　「○○と言えば△△だよね」を見つける	052
STEP2-補　「○○と言えば△△だよね」を構造化する	054
コラム　しりとりゲーム	061
STEP3　バイアスを崩す	062
バイアス崩しからヒット商品は生まれる	064
攻める領域を明確化し、成功確率を上げる	065
右脳と左脳、両方を使い倒す	066
真ん中に寄せる能力を鍛える	068

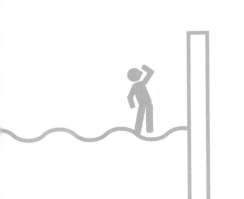

INDEX ひらめきの作法

第3章 新結合を考える

Case5	都会の水族館の利益率を上げろ	072
STEP1	新結合を考える	078
コラム	イノベーションかどうかは顧客が決める	084
ストックが多いほうが有利である		087
アイデアは、制約条件があるほうが出てくる		088
最終決定は1人で行う		090
ひらめく力を身につけるためのマインド		092

| 第4章 | ストーリー化して、新結合の合理性を検証する |

Case6 メガネ屋の新サービスを企画せよ　　　　　　　　096

STEP1 ストーリー化する　　　　　　　　　　　　　　102
STEP2 接点の設計を確認する　　　　　　　　　　　　105
常にアンテナを張り、挑戦する気持ちを持つ　　　　　　110
コラム 美しさと使いやすさ　　　　　　　　　　　　112

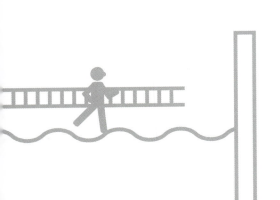

INDEX　ひらめきの作法

第5章 コンセプト作成エクササイズ

Case7	ECサイトの新規登録を獲得し利用者数を増加させよ	116
Case8	客足減少でジリ貧の街の映画館を救え	124
Case9	忙しい主婦の負担を減らせ	132
Case10	客足が減少する、ひなびた温泉地を救え	140
Case11	苦境に立たされているファストフードチェーンを救え	148
Case12	待ち時間を減らしてお店の売上げを増やせ	156
Case13	忙しい共働き夫婦のコミュニケーションを活性化せよ	164
Case14	企業経営者の視野を広げる講習を企画せよ	172

第6章 組織づくり

加速する企業の短命化	180
イノベーションを起こせる3つの企業タイプ	182
ひらめく力を育むイノベーション・エコシステム	188
時間をかけるプロセス、かけてはいけないプロセス	190

INDEX ひらめきの作法

第7章 コミュニケーション

意思決定が難しくなる理由	194
意思決定の4つのカギ	198
イノベーションの5つ目のカギ	200
共通領域を見極めよ	204
高頻度のコミュニケーションを取る	206
思いやりは逆効果	208

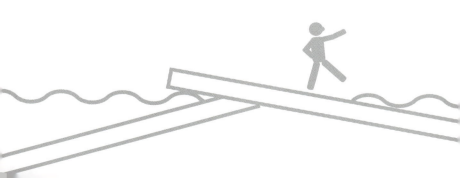

第8章 イノベーションHUB人材を育成する

Γ（ガンマ）モデルが機能不全に陥る理由	212
「イノベーションHUB人材」という考え方	214
イノベーションHUB人材、6つの特徴	216
イノベーションHUB人材の育て方	224
育成に必要な4つの経験	226

第1章
3ステップ ひらめきの作法

発想段階はブラックボックス？

　世の中には、クリエイティブ・シンキングやデザイン・シンキングなど、発想法に関する書籍やセミナーがたくさんあります。
　厳しい競争を生き残っていくには、新しいことをやらなくてはならないのに、出てくるのはあまり面白くないアイデアだったり、面白くてもビジネスとしては非現実的なアイデアばかり。
　とはいえ、勉強して一定のプロセスや視点を理解できたとしても、

"斬新な"アイデアが そう簡単に出てくるはずがありません。

　つまり、"斬新な"アイデアを生み出すメカニズムは依然としてブラックボックスのままなのです。

　これでは、スティーブ・ジョブズのような天才でもなければ、イノベーティブなアイデアなんて思いつけないと、匙を投げたくなるかもしれません。

　私もこれまで発想法をめぐって暗中模索をしてきました。

以前、勤めていた会社でイノベーション組織のリーダーを任されたときには、業界を問わずさまざまな企業を訪問して、多種多様な人たちに会い、教えを請いました。
　なかでも特に大きな影響を受けたのが、今も師匠として尊敬している濱口秀司さんです。

　この本で紹介するのは、濱口さんの教えをベースに、私なりのやり方を加えて開発した発想法、

"3ステップひらめきの作法" です。

　"3ステップひらめきの作法"は、**右脳的な直感や感覚と、左脳的なロジックを連動させて"ひらめき"を導き出す**というもので、他の発想法と比べて3つの顕著な特徴があります。

"3ステップ ひらめきの作法"、3つの特徴

明日からすぐに取り掛かれる

実践できないものには
価値はありません。

　いくら面白いコンセプトが生まれたとしても、それが実現できなければ、単なる思いつきで終わってしまいます。

　だから、私は **明日からすぐに取り掛かれる** という点を特に重視しています。

　新しいアイデアを実現するには、技術や資金面のハードルを越えなくてはなりません。
　ということは、巨大な設備投資がかかるビジネスよりも、かからないビジネスのほうが着手しやすくなります。また、顧客がそのアイデアに価値を感じるか、ということも考慮する必要があります。

　そうやって押さえるべきポイントを念頭に置いて、フワフワした空想や感覚ではなく、リアルで「これならいけそうだ！」という確信を持てるものでなければ、他の人たちを説得することはできませんし、ましてや成功させることはできません。

長い時間をかけない

私は基本的に、
コンセプトは 30 分以内、
長くても 1 時間以内でつくる
ことに決めています。

　これには 2 つの理由があります。
　1 つは、それ以上時間をかけても、出ないものは出てこないからです。このようなときには 1 回寝かせて、他のことを考えてから戻ったほうが効率的です。

　もし、それでも手に負えないというのであれば、それは自分のまったく知らない領域のものなので、いったん諦めて必要な情報をインプットしましょう。これがもう 1 つの理由です。

新結合を考える

「イノベーションを一言で表現しなさい」と言われたら、皆さんはどう答えますか？

私は **新結合** と答えます。

もう少し具体的には言うならば、「企業活動において、従来なかった新しい組み合わせを実現すること」です。

これは、**無から有を生み出さなくてもいい** ということです。

世の中にない斬新なものをゼロから考えろと言われても、アイザック・ニュートンやレオナルド・ダ・ヴィンチのような天才でなければ無理な話です。

しかし、既存のものを使って気の利いた組み合わせをつくるのであれば、普通の人間でも何とかなるかもしれないという気持ちになれます。

"3ステップ ひらめきの作法"、3つの特徴

　実際、世の中にあるものを見れば、多くのものが新結合で成り立っています。

- 「歩く」と「音楽」というモノと行動が
  組み合わさったのが、ソニーの「ウォークマン」
- 電話＋手紙＝ファックス
- インターネット＋ショッピング＝Eコマース
- 飲料＋健康＝トクホ飲料
- カードゲーム＋パズル＝パズドラ

　こうした新結合が生まれた結果、多くの利益が生まれています。上記の例を見れば、新しいカテゴリーや事業に成長していったものもあることがわかるでしょう。

　これと同じように、新結合を考えていくことが"3ステップ ひらめきの作法"の出発点となっています。

"3ステップ ひらめきの作法"は手品

　私がいろいろなアイデアを紹介すると、「まるで手品のようですね」と言われます。

　まさにその通りで、"3ステップひらめきの作法"は、実際に **手品と同じ** です。知らない人には魔法に見えるかもしれませんが、タネや仕掛けがちゃんとあるのです。

　私がアイデアを考えるときには、次の3つのステップを用います。

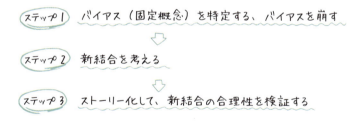

　このシンプルな3ステップで、新商品、新サービス、プロモーション方法など業界を問わず、いろいろな場面で使える新しいコンセプトをつくってきました。

ただし、**手品なので練習が必要**です。カラクリを聞いて理解しても、それなりに練習を積まなければ、あたかもカードやコインが消えたかのように見せることはできません。

逆に言うと、一定の型を学んで訓練を積めば、かなりの人が面白くてビジネスにも使えるアイデアをスピーディーに生み出せるようになるということです。

それでは、各ステップについて、次の章から詳しく説明します。

Case 1 アパレルショップの経営を安定させろ

1年中バーゲンのアウトレットに押され、アパレルショップではバーゲンでしか洋服が売れなくなっています。
アパレルショップの経営を安定させ、お客さんもハッピーにするには、どうしたらいいのでしょうか？

「この服、いいわぁ。でも定価ではねぇ」

「えっ！ 値引き後の事前予約ができるの？！」

CASE 1

客「すみません。これ30％引きでの購入予約をお願いします」
店員「かしこまりました。お客様は30％引きで、3番目のご予約になります」

「やった。この前予約した服、私に購入権利が回ってきたわ。
早速、買いに行かなくちゃ」

> これは、私が子どもの服を買おうと値札を見て、ためらった経験を思い出したときに考えつきました。飲み会で仲間に披露したところ、「アパレル業界の常識を覆すアイデアだ」と、アパレル出身者からお墨付きをもらった自信作です。

解説 Case 1

お題：アパレルショップの経営を安定させろ

【顧客のバイアス】
洋服はバーゲンで買ったほうが、お得だよね

　洋服の価格というものは、キツネとタヌキの化かし合いのようなところがあります。

　たとえ気に入った洋服が見つかったとしても、少し待っていれば、3割オフ、5割オフ、下手すれば8割オフになるかもしれません。

　最近はセールの時期がマチマチなので、1週間違うだけで大幅な値下げになることもあります。そう思うと、おちおち定価で買ってなどいられません。

　すると、どうなるでしょうか。

CASE 1

　そう、顧客はアウトレットに流れていきます。なぜなら、アウトレットは 1 年中バーゲンなので、値下がりを気にしなくてもよいからです。アウトレット側にしても、アウトレット価格というのはいわば定価ですから、それで十分儲かる設計になっています。

　一方、ショップはアウトレットに押されて、バーゲン時にしか繁盛しない状況に陥ります。そうなると、通常、店頭に並べる商品は、バーゲンしたとしても利益が出るような価格設定を考えざるをえません。

　こうなると、正当な価値や価格とはいったい何なのか、訳がわかりません。疑心暗鬼に陥った顧客が、「洋服はバーゲンのときにしか買わない」という結論に達するのも無理もないというものです。
　このように、顧客が完全に取り残されているのがアパレルの世界なのです。

　一方、定価で買う人はどのように考えているのでしょうか？
　バーゲンだと、売れ残りで好きな洋服が選べない。バーゲンだと旬を逃す。このように考えているのではないでしょうか。

　すなわち、顧客は**「洋服が選べるときには価格的には損をする。洋服が選べないときには価格的に得をする」**と認識しているはずです。これが顧客のバイアス（固定概念）です。

これを崩すと、

洋服が選べるのに、価格的に得をする

となります。これを実現するためにはどうすればいいのか、私は考えました。

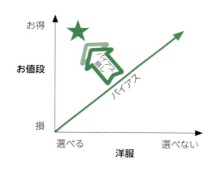

【新結合】
アパレル×期間で変わるツアー料金

　私は旅行会社のパンフレットをよく眺めるのですが、旅行会社のツアーの特徴は、シーズンごとに価格帯が違うことです。
　お盆のシーズンはカレンダーが真っ赤に塗りつぶされていて価格も高いのですが、9月に入るとだんだんと下がり、シーズンオフには半額に近いことさえあります。

　これをヒントに思いついたのが、**洋服の価格表示に期間ごとの値付けをあらかじめ明示する方法**です。

　たとえば、4/1 〜 6/30 は定価、7/1 〜 8/31 は 30%オフ、9/1 以降は 50% オフというように表示するのです。こうすることによって、お客さんは自分で納得した時期に、納得した価格で手に入れることができるようになります。つまり、お得に買えるようになるのです。

　また、事前に購入予約を受け付ければ、より利便性も高くなるでしょう。これは、ある洋服が 50% オフにまでならなくても 30%オフなら欲しいと思っているお客さんはレジでリクエストし、その時期までその商品が売り切れずに残っていたら、提示された価格で買える購入権を手に入れるというものです。

　お客さんとしては、明日になったら下がるかもしれないと思うと買えないけれども、どこまでこの価格が守られるかがわかっていれば、買いやすくなります。シーズン初めに定価で買ってくれるお客さんも増えるかもしれません。

　アパレルショップとしても、定番で自信のある洋服はずっと定価にし、在庫になっても値引きしないというようにメリハリをつけることができます。

　さらに、複数の店舗を持つチェーンなどは、割引購入予約の状況をシステム化すれば、全店の在庫の調整がスムーズに行えるようになります。仮に利益の出る割引率での予約が多かったのならば、急遽増産してもいいかもしれません。

　価値に見合った価格で売る。しかし、トレンドや好みに合わず、売れなかったのならば、やむなく値段を下げる。それがメーカーとしての本来のあり方だと思います。

`end`

Case 2 学習塾の経営状況を改善せよ

少子化の影響を受けて、学習塾の経営は厳しくなっています。学習塾の経営状況を改善し、お客さんも満足させるには、どうしたらいいのでしょうか？

「おっ！ ここは、孫のエマが通っている塾だな」

「んっ！ 孫に教えるためのシニア向けコース？？
　よし。ここで今のカリキュラムを習って、今度、エマの宿題を見てやるか」

CASE 2

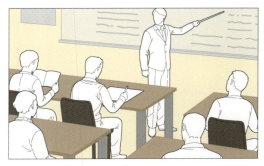

「昔と随分、教育内容が変わったなぁー。
　でも、久しぶりだと、勉強も楽しいもんだ。友だちも増えたし」

孫「おじいちゃんの説明、わかりやすいね」
祖父「明日も教えてやるからな」

> 私は学生時代に、学習塾で講師のアルバイトをしていました。現在、少子化で学習塾の経営は苦しくなっています。これを救う方法はないだろうかと、あれこれ考えてみました。

解説 Case 2

お題:学習塾の経営状況を改善せよ

【顧客のバイアス】
習い事は、自分のためにするものだよね

　最近、大手の予備校が大規模な教室の閉鎖を打ち出すなど、学習塾業界は少子化によって厳しい経営環境にあります。大手でなくとも、生徒の獲得競争が過熱し、膨らんだ広告宣伝費が経営を圧迫、赤字経営になっている学習塾は少なくありません。

　一方で、少子化問題はすぐに解決できる問題ではありません。少子化という大きな問題解決に頼らず、もっと簡単に学習塾の経営状態を改善できる方法はないでしょうか。これは、そんな想いからつくったコンセプトです。

CASE 2

　基本的に、学習塾や習い事は、自分のために学びます。学ぶことによって、希望の学校に入学できたり、新しいスキルを修得できたりするからです。

　一方、他人のために学ぶという行為もあります。たとえば、主婦が、旦那さんや子どものためにお料理教室に行く場合などです。これは、自分のためというよりも、家族の喜ぶ顔が見たい、すなわち感謝されたいので学んでいるとも考えられます。

　これをまとめると、**「自分のために学ぶと自分に実利があり、他人のために学ぶと感謝を得る」** というバイアス（固定概念）が存在することに気づきます。

　それでは、このバイアスを崩すとどうなるでしょうか。

他人のために学ぶと、自分に実利がある

となります。この状況について、考えてみました。

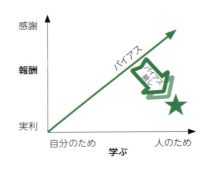

【新結合】
塾×祖父母が孫に会いたい気持ち

学習塾では、子どもが学校に行っている午前10時から午後3時頃まで、塾の専任講師にはやることがありません。教室も空いています。

一方、子どもを塾に行かせている親も祖父母も、実は子どもが習っている教材の中身を知りません。ただ、「ちゃんと塾に行ったの？」「しっかりと勉強してきたの？」「テストの点は何点だったの？」と聞くだけで、子どもたちが学んだ内容について、突っ込んだ会話はできないのです。

ここから思いついたのが、**学習塾で祖父母向けに子どもが今、教わっている内容をシンプルに教えるコースを開設する**というコンセプトです。

塾経営者にとって、少子化はコントロール不能なので、対象とする顧客を変える必要があります。その点、子どもたちの祖父母である団塊の世代やシニア層はすでに引退していますので、お金にも時間にも余裕があります。

しかも、「勉強を教える」という口実があれば、孫に会いやすくなります。すなわち、孫のために勉強することで、かわいい孫に会えるという実利を得ることができるのです。おそらく孫のためであれば、少々価格が高くても、財布の紐は緩むことでしょう。

CASE 2

　塾側や講師側としても、教室の空いている時間に子ども向けの授業のエッセンスを紹介すればいいだけなので、追加の投資や負担はそれほどありません。

　高齢者が小学校の勉強をし直して、頭を使えば、「認知症予防」にもなるなど社会的なメリットもあります。

　とはいえ、認知症予防では抵抗感のある高齢者もいるでしょう。でも、「孫のために」と言えば、プライドを傷つけることなく、足を運びやすくなるのではないでしょうか。

　世の中は変化しており、学習内容も様変わりしています。小学校の勉強といえども侮れません。

　高学歴の団塊世代でも、意外に難しいことに愕然として、孫そっちのけで勉強に熱中してしまうかもしれません。
　また、塾で同世代の友人も増えますので、熱心に通うようになるのではないでしょうか。　end

Case 3 本屋さんを救え

インターネットや電子書籍の普及によって、書店は年々減少しています。逆境にある書店を救うにはどうしたらいいのでしょうか？

「えーと……、こっちの方向でいいんだよなぁ……」

「おっ。あった！『ジャパコン』。これぞ、マンガの聖地！」

CASE 3

「すごーい！ 日本のマンガのフランス語版がこんなに。
これは日本じゃないと手に入らないぞ。
まさに聖地！ 天国だ！」

「いやー。いっぱい買っちゃった！
よしっ、ドラゴンピースの番外編を持って、
早速インスタにアップだ！」

> ここで紹介したのは、なぜ誰もやらないのだろうかと、い
> つも不思議に思っているアイデアです。

解説 Case 3

お題：本屋さんを救え

【書店のバイアス】
本はわざわざ遠くで買わないよね

　とある調査によれば、2000年に約21,000店もあった書店が、2015年には約14,000店にまで減少しました。これは、15年で3割以上の書店が閉店したという計算になります。

　その原因は、インターネットと電子書籍の普及、若者の読書離れなどさまざまな要因が考えられますが、書店がなくなっていくのをただ見ているのも寂しい気がします。

　そこで、逆風の書店経営の起死回生のコンセプトをつくってみようと思い、考えたのがこのコンセプトです。

CASE 3

　日本ではさかんに「観光立国」だと言っていますが、世界において日本のプレゼンスは現在、残念ながら高いとは言えない状況です。

　昔は海外でタクシーに乗ると、トヨタやパナソニックの話が出てきたのに、今では「ナルトを読んだか」という話題になったりします。マンガ、アニメ、きゃりーぱみゅぱみゅなどのサブカルチャーが、日本を代表するグローバルコンテンツとなっているのです。

　そうしたサブカル好きの外国人にとって、その聖地である日本を訪れることはかなりエキサイティングな体験です。そんな彼らが日本の本屋に行けば、自国とは質・量ともに比べものにならないほど豊富に並ぶマンガやアニメ本に感動するはず。
　そして、「できることなら全部を買いしめたい！」と思うでしょう。けれども、残念ながら、日本語のマンガは読めません。そこで、とりあえず記念に1冊だけ買って家に飾っておこう、となります。

　もちろん、日本の書店にも外国語書籍コーナーがあります。しかし、これは明らかに日本人向けで、サブカルな外国人が好むような品揃えではありません。要するに、日本には外国人向けの本屋がないのです。
　どうして、このような状況が起こるのでしょうか？

　本は重たいですし、どこで買っても同じなので、わざわざ遠くでは買いません。すなわち、**「家から離れれば離れるほど、本の購買意欲は下がる」**というバイアス（固定概念）が、日本の書店にあるのではないかと思います。

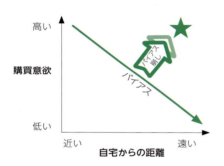

これを崩すと、

家から離れれば離れるほど、本が売れる

となります。

【新結合】
書店×スポーツの聖地で記念にグッズを買う観光客

　サッカーファンは、サッカーの聖地であるイングランドに行って、好きなチームの試合を見て、チームのグッズをたくさん買い込みます。
　たとえ日本で同じものが買えたとしても、遠く離れた異国の「聖地で買う」ことは、彼らにとって何物にも代えがたい経験となります。長旅をし、たどり着いた聖地で買うからこそ価値があるのです。

　そこで考えたのが、**日本で人気のマンガやアニメ本の外国語版を扱う専門書店への業態変換**です。マンガ本だけでなく、フィギュアなども揃えて、ビルをどーんと丸ごと1棟サブカル好きの聖地にしてしまうのです。
　サブカル好きな観光客にしても、聖地の日本で最新のコンテンツや流行しているグッズを買えば、帰国したあとで仲間に大いに自慢することができます。

　このコンセプトは、秋葉原、渋谷、表参道、さらには京都、鎌倉など、外国人が大勢訪れて、爆買いをする観光地でも展開できそうです。

　外国語版のマンガやアニメ本はすでに各国で販売していますから、それを国内に持ってくるだけという手軽なのも実現しやすい要素です。自国やネットではなかなか買えない、各国語版の本がずらりと並んでいる場所があれば、それはもう立派な観光名所なのではないでしょうか。

　しかも、マニアの発信力は絶大です。特別に広告宣伝を打たなくても、SNSなどを通じてあっという間に口コミで広まるはずです。

　海外に出店し、それぞれの現地語版を流通させている紀伊国屋書店や丸善などの大手書店ならば、この企画をすぐに実現できるでしょう。
　書店の営業マンは海外に売り込もうという意識が強いと思いますが、国内でも販売してみたらと、少し発想を転換させるだけで、スピーディーに展開できそうです。

`end`

第2章

バイアスを特定する、バイアスを崩す

Case 4　ジュースの新商品を企画せよ

ブランド物のバッグとノンブランドのバッグ。どっちが高いかと言えば、当然ながらブランド物のバッグです。
このように、世間一般の常識では、高級ブランドほど価格が高くなります。そこで、この一般常識を覆したジュースの新商品を開発してみましょう。

「なんだ、これ！『りんご物語規格外』!!! 規格外って、大丈夫かよ？」

一つひとつ、手間暇かけて、丹念に育てました。
『りんご物語規格外』は、高級ブランド東りんご園の出荷規格をちょっとだけ外れた、高級りんごのみを原料に使用した、
100％ジュースです。
「へぇ〜。なんだか、おいしそうだ」

CASE 4

テレビ「台風17号の被害状況です」
東りんご園「オッ、オラのりんごが（泣）。来週収穫だったのにー」

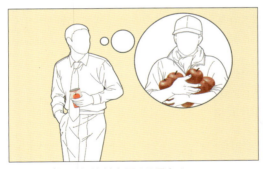

「『りんご物語規格外台風17号』！
売上げの一部が、台風被害のあった農家に行くのか！
おいしいジュースを飲んで、社会貢献、いいね！」

> 新商品の企画会議などでも、高付加価値×高価格の商品を追求しがちです。そこで、このバイアスを崩す方法を考えてみました。それが、「飲料」×「モス玉」です

解説 Case 4

お題：ジュースの新商品を企画せよ

【顧客のバイアス】
ブランド品は高いよね

　このお題は、私が研修などでよく使います。ジュースという身近なものなので、誰でもわかりやすいからです。
　そして研修の中で、ほぼ毎回ブランド品の高級野菜やフルーツを使った高価格帯の高級ジュースというアイデアが出てきます。

CASE 4

　そこで、バイアス（固定概念）を説明するのに最もシンプルな例として取り上げるのが、次のバイアス（固定概念）です。

ブランド品は高いよね

　当たり前と言えば当たり前ですが、身近なジュースを例に、このバイアスを崩すとどんなジュースが生まれるのか、つくってみました。

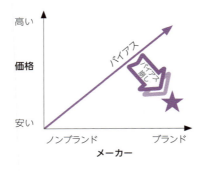

【新結合】
ジュース×モスバーガーの規格を外れたトマト

　以前テレビで見たのですが、モスバーガーは農家と契約し、同社のバンズにぴったりと合う専用サイズのトマト、通称「モス玉」をつくってもらっているそうです。
　品質管理は非常に厳しく、指定サイズから少しでもはみ出たトマトは、「規格外」としてはねられてしまいます。

　面白いことに「規格外」と示した瞬間に、人間はそこに何らかの規格が確立されていると認知します。
　しかも、その規格が政府のお墨付きかどうかはまったく関係がありません。モスバーガーのトマトであれば、たとえ大きさで規格外だったとしても、契約農家がしっかりとつくった質の高いものだと、世間では認識するのです。

　これと同じ考え方をジュースに持ち込んだのが、**新商品「リンゴ物語規格外」**です。

　千疋屋の店頭に並ぶような、手間暇をかけて一つひとつ丹念に育てたリンゴ。けれども、リンゴ園の出荷規格に少しだけ外れてしまい、店頭販売からはじかれてしまった高級リンゴのみを原料とした100％果汁のジュース。それがコンセプトです。

　高級ブランドであることを打ち出しつつ、お手頃価格で買えるようにすることで、消費者が喜ぶ商品のできあがりです。

CASE 4

　このコンセプトにもう少しソーシャルの雰囲気を添えたい場合は、たとえば、台風17号で収穫目前だったのに木から落ちてしまった被害を背景に「リンゴ物語規格外台風17号」と銘打ちます。

　そして、売上げの一部を台風被害にあった農家に寄付するなどのプロモーションを実施すれば、おいしいジュースを飲んで、社会貢献ができることをアピールすることができるでしょう。

　「リンゴ物語規格外」は、「ブランド品は高い」というシンプルなバイアス（固定概念）を崩して、ジュースという身近な商品に応用してみるという、研修の練習素材的なコンセプトです。

end

STEP1　バイアスを特定する

　この章では、濱口さんの有名な break the bias（ブレイク・ザ・バイアス）の手法を私なりの理解も含めて、できるだけわかりやすく解説したいと思います。

　なお、本書で言う**「バイアス（固定観念）」とは、世間一般で当然だと考えられている** ことを指します。

　第1章で紹介した Case 1〜3 のコンセプトのケースにも、以下のようなバイアスがありました。

> ○洋服はバーゲンで買ったほうが、お得だよね
> ○習い事は、自分のためにするものだよね
> ○本はわざわざ遠くで買わないよね

　このように、**バイアスとは「○○といえば△△だよね」** を穴埋めできるもののことです。

　バイアスを見つけるときには、周りの人と話をしてもいいですし、ネットで検察してみても構いません。

　ネットで検索する場合には、質問サイトのQ＆Aや商品のレビューサイトがオススメです。世間一般で考えられているバイアスは、こうしたサイトで見つけやすいのです。

　このバイアス探し、難しいように思うかもしれませんが、慣れてくると案外すっと出てくるようになります。

STEP 2　バイアスを構造化する

　次に、そのバイアスを成り立たせている主なキーワードを取り出し、キーワードを軸にして構造化（グラフ化）します。

　Case1 の「洋服はバーゲンで買ったほうが、お得だよね」であれば、バイアスは次のような図で表現することができます。

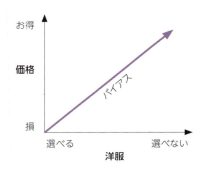

　1つ目の軸は、洋服を「選べる」か「選べない」で、2つ目の軸は、値段が「得」か「損」かです。これは、顧客が次の2つのことを考えているからです。

① バーゲン以外のときは、デザインやサイズを選べるけれども、価格的には損をする。
② バーゲンのときは、売れ残りで好きな洋服が選べないかもしれないけれども、お値段はお得である。

　このように、**顧客のバイアスは構造化して表すことができる**のです。

なお、理系の人は、こういった図を見ると、変数の連続性や定量性など、軸そのものの意味を数学的に捉えて難しく考えてしまう傾向があります。ですが、ここで行っている構造化は、新商品や新サービスをヒラメクためのツールにすぎません。

　最終的に顧客に見えるのは、このツールを使って生まれた新商品や新サービスであり、このバイアス構造が見えるわけではありません。ですので、軸の意味合いに関して数学的に深く考え過ぎず、ころ合いで構造化するのがコツです。

　とはいえ、バイアスを見つけて構造化するにはちょっとしたコツがあります。そのため、少し練習を積む必要があるかもしれません。そこで、さらに詳しく、バイアスの見つけ方と構造化の方法について解説します。

STEP 2　バイアスを構造化する

STEP 1-補「〇〇と言えば△△だよね」を見つける

　すでに説明したように、バイアスは「〇〇と言えば△△だよね」で表現できます。
　この「〇〇と言えば△△だよね」を見つけるには、新しい企画を考えなければいけない対象に対して、1人もしくは複数でブレインストーミングを実施し、数多くのアイデアを出します。
　多くのアイデアが出たら、その中で面白いと感じたものをピックアップします。
　たとえば、本章の冒頭で紹介したCase4の新しいジュース企画でしたら、次のような流れになります。

　お題：ジュースの新商品を企画せよ

　ブレインストーミングの結果、以下のアイデアが面白いとピックアップされました。

① 高級なブランドのフルーツを使った 　　プレミアムフルーツジュース ② 飲んでいる最中に味の変わるジュース ③ さっと喉を潤す一口サイズのジュース

　面白いと感じるアイデアは、次のどちらかの場合になることが多いので、アイデア群をじっと眺めて「〇〇と言えば△△だよね」という表現でバイアスを探します。

○バイアス（固定概念）に乗っかっている ○バイアス（固定概念）を崩している（崩しかけている）

Case4のジュース企画で言えば、次のようになります。

> ① 高級なブランドのフルーツを使った
>   プレミアムフルーツジュース
>   →バイアス：ブランド品は、高いよね。
>
> ② 飲んでいる最中に味の変わるジュース
>   →バイアス：ジュースは、飲んでいる最中に味が一定だよね。
>
> ③ さっと飲み干す一口サイズのジュース
>   →バイアス：ジュースは、ゴクゴクと飲めるサイズだよね。

　①は、ブレインストーミングすると、よく出てくるアイデアです。「ブランド品（高級品）は高い」という顧客のバイアスに乗っかっているので、面白いと感じています。
　②は、長時間放置した場合は別ですが、「ジュースはフタを開けて飲み終わるまで味が変わらないものである」という顧客のバイアスを崩しています。そこが面白いと感じています。
　③は、「ジュースの一般的なサイズがゴクゴクと飲める160ml～500mlである」という顧客のバイアスを崩しているので、面白いと感じています。

　このように、課題に対して、自由にアイデアを出し、面白いと感じたものから、「〇〇といえば、△△だよね」で表現されたバイアスを見つける。それが最初の手順です。

　なお前述したように、バイアスは、質問サイト等を活用して1人で特定することもできます。特に、すぐにはブレインストーミングを行えないときなどには便利です。

STEP 2-補 「〇〇と言えば△△だよね」を構造化する

軸を抽出する

　バイアスを特定したら、軸を抽出して、構造化（グラフ化）します。そのためには、「〇〇と言えば△△だよね」に含まれる **キーワードを見ていきます。**

　さきほどの「ブランド品は、高いよね」の場合、「ブランド品」と「高い」という2つのキーワードが含まれているのがわかります。

　そこで、**各キーワードが対立した構造で表現できるかを考えます。**

　この例の場合、メーカーが「ブランド-ノンブランド」と価格が「安い-高い」という2つの対立した軸が抽出できます。

2つの軸を合わせて構造化する

2つの軸が抽出できたら、これを合わせて構造化します。構造化では、構造化した図を見て、そこに **バイアスを表現する直線が引けるかどうかに注意します。**

たとえば「ブランド品は、高いよね」の場合、ノンブランド品は安く、ブランド品は高いというバイアスが存在することから、以下の図のように左下から右上に向かう直線で表現することができます。

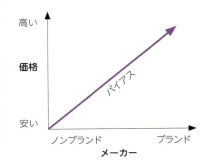

これで、バイアスの構造化は終了です。

いかがでしょうか。
意外に簡単だったのではないでしょうか。

すぐに2つの軸が見つからない場合

しかし、すぐには2つの軸が見つからないこともあります。その場合には、ちょっとした工夫が必要になります。

ここでは、第1章で紹介したCase2の学習塾コンセプトを例にバイアスを構造化してみます。

学習塾コンセプトのバイアスは、「習い事は、自分のためにするものだよね」でした。

まず、このバイアスに含まれるキーワードを探します。このバイアスの場合、含まれるキーワードは「習い事」と「自分のため」です。

2つのキーワードのうち「自分のため」のほうは、「自分のため－自分以外のため」といったように、簡単に対立する構造を表現することができます。

「自分以外のため」のほかにも、「会社のため」や「家族のため」「人類のため」など、対立した構図になっていれば何でもかまいません。正解はありませんので、それぞれのセンスで自由に決めてください。

ここでは、1つ目の軸は「自分のため－自分以外のため」としました。

次に、2つ目の軸ですが、これが意外に難しいことに、やってみると気づきます。

キーワードは「習い事」ですから、その対立軸は「遊び」や「自習」、あるいは「教えること」などが考えられます。しかし、どうも合っているような、いないような、スッキリとした対立の構図が見つかりません。

STEP 2-補「〇〇と言えば△△だよね」を構造化する

　皆さんも実際にやってみると気づかれると思いますが、「〇〇と言えば△△だよね」から、2つ目の対立の構図（軸）をパッと見つけられないということが、実はよくあります。

　そのようなときには、**「〇〇と言えば△△だよね」を、バイアスを崩した形で表現してみます。**

　たとえば、学習塾コンセプトのバイアス「習い事は、自分のためにするものだよね」であれば、すでに1つ目の軸「自分のため－自分以外のため」という対立の構図が見つかっているので、これを利用して、次のように「〇〇と言えば△△だよね」を崩します。

　習い事は、自分以外のためだよね。

　次に、2つ目の対立の構図を見つけるために、この崩された「〇〇と言えば△△だよね」に関して、**「なぜ、そのようなことが言えるのか？」**を考えます。

　学習塾コンセプトで言えば、「習い事は、自分以外のためだよね」の理由を具体的に考えて書き出していきます。たとえば、以下のような理由が挙げられるとします。

① 夫のために料理を学ぶと、夫に感謝されるから
② 義務教育のために、強制的に学習しているから
③ 一子相伝の伝統武術を守るために、技を継ぐ必要があるから

　次に、この理由の書かれた文章を見て、キーワードを抽出し、対立構造（軸）をつくっていきます。

① 夫のために料理を学ぶと、夫に感謝されるから。
→「感謝される」というキーワードを対立構造にすると、一例として「感謝される－実際の利益（実利）が得られる」という組み合わせが見つかります。

② 義務教育のために、強制的に学習しているから。
→「強制的に」というキーワードを対立構造にすると、「強制的－自主的」という組み合わせが見つかります。

③ 一子相伝の伝統武術を守るために、技を継ぐ必要があるから。
→「一子相伝」や「伝統」というキーワードから、「一子相伝－完全相伝」や「伝統－革新」といった、対立構造の組み合わせをつくることができます。

次に、最初につくった軸「自分のため－自分以外のため」と、2軸目の①～③を組み合わせて構造化します。そして、そこにバイアスを表現する直線が引けるかを考えます。

①感謝される－実際の利益（実利）が得られる

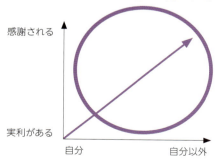

STEP 2-補「○○と言えば△△だよね」を構造化する

②強制的－自主的

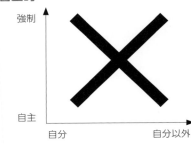

③一子相伝－完全相伝

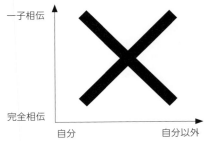

③伝統－革新

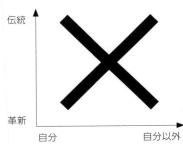

完成した構造化された図を眺めると、①は**「自分のための学習は実際の利益（実利）を期待していて、自分以外＝人のための学習は誰かの役にたって感謝されることを期待している」**というバイアス（固定概念）がありそうなことに気づきます。

一方、他の3つはバイアスの直線を引くのは難しそうです。一瞬、一子相伝の技を学ぶのは自分以外のためで、希望者は誰でも学べる完全相伝は自分のためと直線で引けそうな気がしますが、一子相伝でも自分のために技を学ぶ人もいるでしょうから、直線は引かずに×としました。

結果として、「自分のため－人のため」と「感謝される－実際の利益（実利）が得られる」で組み合わされたバイアスの構造を得られました。

一見、面倒なように感じますが、機械的にできますので、慣れてくると意外に早くバイアスの構造を得ることができます。

コラム　しりとりゲーム

　新しいアイデアを考えるとき、企業の開発者はどんな方法を使っているのでしょうか。

　バンダイの「∞（無限）プチプチ」というオモチャを開発した高橋晋平さんは、TED TOKYO トークに登壇したときに、市場データを分析してもアイデアは浮かばないので、「しりとり」ゲームを使っていると語っていました（YouTube で視聴できる）。
　これは「おもちゃ」「ちゃいろ」「ろば」というように、最後の文字で始まる言葉をどんどん出していき、ランダムに挙げた単語を自分の考えたいものに無理やり結びつけてアイデアを出すというやり方です。

　高橋さんによると、「ネコのオモチャ、高いとこから1回転して着地する。コーラのオモチャ、コーラを銃で撃って相手をベタベタにする。くだらないアイデアでも構いません。どんどん出していくと、データを見ているだけでは絶対に出てこないアイデアが出てくる」のだそうです。

　そうやって生まれた「∞プチプチ」は、気泡緩衝材を指でプチプラチとつぶすだけという他愛のないものですが、いい暇つぶしになるので大ヒットしました。

　これも新結合を考えるための1つの手法だと思います。

STEP 3　バイアスを崩す

　「○○と言えば△△だよね」で表現されるバイアスを構造化してみると、バイアスを崩すための狙いどころがはっきりとつかめるようになります。

　たとえば、Case2 の学習塾コンセプトの場合、バイアス構造の左上の**「自分のために学んでいるけど、なぜか感謝される」**と、右下の**「人のために学習しているのに、自分に実際の利益（実利）がある」**が、バイアス（固定概念）を崩した領域になります。

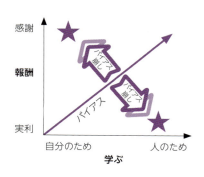

つまり、**バイアスの線上から外れたところで発想していくと、面白いアイデアが生まれやすい**のです。これが、

　　バイアス崩しの手法です。

　バイアスを崩してみて、「あれ？」「えっ！」と思ったり、「くすっ」と笑えたりすれば、それはかなりいい感じです。なぜなら、それこそが固定概念が崩された証拠になるからです。

　そうやってバイアスが崩されたところには、新しいチャンスがあるはずです。

バイアス崩しからヒット商品は生まれる

　世の中には、バイアスを崩したところで、さまざまなヒット商品が生まれています。実例をいくつか挙げてみましょう。

○アップルのiPhoneは「携帯電話はキーボードで文字入力するもの」というバイアスを崩しました。

○ソニーのウォークマンは、「音楽といえば家で聞くもの」というバイアスを崩しました。

○ボーカロイドの初音ミクは、「歌といえば人間が歌うもの」というバイアスを崩しました。

○俺のフレンチは、「立ち食いは、そばや串カツなど大衆料理のもの」というバイアスを崩しました。

○JTBの旅行に行く前にお土産が買えるサービスは、「お土産は旅行先で買うもの」というバイアスを崩しました。

○動画投稿サイトのYouTubeは「映像コンテンツは受信するもの」というバイアスを崩しました。

　対象となるテーマの背後にある前提を崩したところから、面白いものが生まれてくる——そこがこの"ひらめきの作法"の最大の特徴であり、ユニークな部分なのです。

攻める領域を明確化し、成功確率を上げる

　ランダムに無関係なものを挙げて、新結合でヒットさせるというのは、案外と難しいものです。

　というのは、単にたくさん挙げていくだけでは、「数を打てば当たる」方式なので効率が悪いし、時間もかかるからです。しかも、そのうちのどれかは当たるとしても、実際にどれが本命なのかを見極めるのはとても難しいことです。

　また、攻める本命の領域がわからないと、ブレインストーミングなどでアイデアを出し合っても、最後に面白いものを絞り込む段階で、無難なものが選ばれてしまう可能性もあります。

　ですから、**構造化して狙うべき領域を明確にしてから、新結合を考える** ほうが、ヒットする確率は格段に高まります。

右脳と左脳、両方を使い倒す

　ここまでバイアスを取り上げてきましたが、通常はアイデアを考え出すときには、直感や感覚が重要で、右脳を駆使するようなイメージがあると思います。しかし、バイアスを特定したり、崩したりするときには、ロジカルに考えるので、左脳をかなり活用します。

　世間一般では、「クリエイティビティといえば、右脳的なところで生まれるものだよね」というバイアスがあるかもしれませんが、実際には **クリエイティビティが最も高まるのは、右脳と左脳を両方とも使う場合** なのです。

　また、面白いアイデアにするには、なんでも自由に考えて、制約を外さないといけないと思うものです。

　ところが、グーグル副社長は「イノベーションを起こすには、会社を"カオス状態"と"構造化された状態"の間の"ストラクチャード・カオス"状態に置くのがよい」と述べています。

　アメリカのデザイン会社、IDEOの創立者であるトム・ケリーも、「伝統的な組織で働いている人から見れば、私たちの会社のやり方はカオス状態で、規則も何もあったものじゃないように見えるかもしれないけれども、"方向づけされたカオス"と初期段階の多くのエラーによって成功に近づいています」と語っています。

結局のところ、何もかもが自由でもよくないし、ガチガチにルールで縛っても、物事は生まれないということです。

　脳も同様で、右脳的な直感だけに頼っても、左脳的にロジックだけで考えていても、いいものは生まれてきません。**その両方を使い倒すことが、極めて重要**なのです。

　ここまでに紹介してきたプロセス、つまり何かを組み合わせて、面白さの理由に迫ってみるエクササイズを繰り返してみることは、右脳と左脳の強化につながります。

　右脳を使いたいときには時間を短く区切ったり、絵で描いて表現すると、左脳を使いたければ理由を説明したり、文章で整理したりすると有効です。

真ん中に寄せる能力を鍛える

　濱口さんによると、世の中の人口分布は、左脳派のロジック重視型と右脳派の直感重視型が大半で、右脳と左脳を両方とも使える人口はごくわずかだそうです。

　ならば組織として、この左脳派の人と右脳派の人を一緒にしたらうまくいきそうです。ところが、この2者ではコミュニケーションが成立しません。つまり、必ずしもクリエイティビティが高まるわけではないということです。

　だいたい、右脳派の人は左脳派の人を見て理屈っぽくて鬱陶しいと思っていますし、左脳派の人は右脳派の人に対して思いつきばかりで仕事をしてもうまくいかないのだから、きちんと考えて段取りとやることを決めたほうがいいと思っていたりします。

　実際、大手戦略系コンサルティングがデザイン会社を買収していますが、成功例を聞いたためしがないのは、おそらくコミュニケーションが成立しないからなのではないでしょうか。

　それでは、どうすればいいのでしょうか？

　答えは明白です。**個人個人に、この両方を駆使して発想力を身につけさせるためのトレーニングをすればいい**のです。

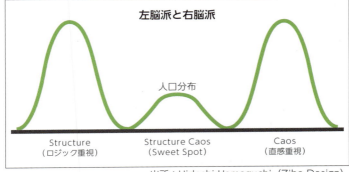

出所：Hideshi Hamaguchi（Ziba Design）

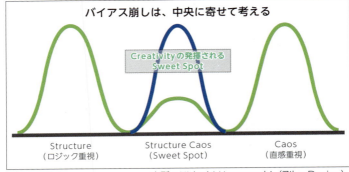

出所：Hideshi Hamaguchi（Ziba Design）

カナダのトロントにあるロットマンスクールのビジネスデザインのコースは、定番的なMBAの問題解決手法にデザインの要素を採り入れています。最初から1人の人間に両方インストールしようという方針なのです。

　右脳寄りか、それとも左脳寄りか。人は生まれ持ったタイプがどちらかに分かれる傾向があります。

　両タイプのいる中で、軸足は左脳や右脳であっても、真ん中にポジションが取れる中央寄りの人材がいる組織は大きなパワーが発揮されるはずです。したがって、真ん中に寄せる能力を鍛錬することが大切です。

　経験から言えば、ロジックを徹底的に鍛えられた人に、そこから解き放たれて右脳をもっと使えるようにトレーニングするほうが効果的だという印象があります。

　というのは、どれほどインスピレーションや直感、美しさに秀でていても、それをロジックで説明しない限り、周囲の人は理解できませんし、投資も下りないからです。

ビジネスとして成立させたいのであれば、面白いアイデアさえあれば十分なのではなく、それをきちんと説得して、投資を引き出せるということが大事である点を忘れてはいけません。

第3章

新結合を考える

Case 5 都会の水族館の利益率を上げろ

右にならったように、都会の水族館ではどこもアフター5の会社員をターゲットにした施策を打っています。でも、本当にアフター5は憩いの場だけの用途しかないのでしょうか?

「来週の外国のゲストとの会食、どこにしようかな?
 んっ! アンダーウォーター・レストラン。
 会話にきっかけができていいかもしれない。しかも近いし」

ゲスト「いいプランができました。ありがとう」
ホスト「いいえ、こちらこそありがとうございます。
    さぁ、続きは場所を変えて、話しましょう。
    近くに面白いレストランを予約してあります」

CASE 5

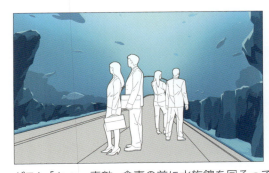

ゲスト「わぁー素敵。食事の前に水族館を回るっていいわね。
　　　　会議のあとの気分転換にもなるし」
ホスト「さぁ、そろそろシャンパンを飲みたい気分じゃないですか？
　　　　テーブルに移動しましょう」

ホスト「今日は、長時間の打ち合わせ、お疲れ様です。
　　　　魚を見ながら、ゆっくりと食事を楽しんでください」
ゲスト「サンキュー、チアーズ！」

> ほとんどの水族館には、すでにレストランがあります。しかし、平日はほぼ稼働されておらず、週末にファミリー向けに使われている程度です。顧客単価もそれほど高そうには見えません。

解説 Case 5

お題：都会の水族館の利益率を上げろ

【水族館運営会社のバイアス】
都会の水族館は、ビジネスパーソンの癒しの場だよね

　都会の水族館の新しい試みが話題を呼んでいます。クラゲを幻想的にライトアップしたり、プロジェクションマッピングで演出したりで、アフター５の会社員の憩いの場として人気です。今や都心の水族館のほとんどが、"右にならえ"で同じような取り組みをしています。
　こうなってくると、私の習性としてバイアスを崩したくなります。そうです。これは、私のアマノジャク的な遊び心からつくってみたコンセプトなのです。

CASE 5

　それでは、都会の水族館の取り組みの背景には、どのようなバイアス（固定概念）があるのでしょうか。

　私は、水族館の運営会社には**「都会の水族館は、ビジネスパーソンの癒しの場だよね」**というバイアスがあると思っています。

　これは、おそらく"水"のイメージから派生していて、週末のファミリー層以外の客層を広げるために、周辺のオフィスのビジネスパーソンに"水の癒し"を提供して集客を上げるという発想なのでしょう。

　そうすると、バイアスの構造は、

- **ファミリー向け**：イルカショーや海の生き物たちとの「触れあい」など、ファミリーで楽しめるエキサイティングな場所
- **ビジネスパーソン向け**：都会の仕事で疲れた人たちに癒しを提供する場所

で表すことができます。

　そこで、狙うべき領域を右下のビジネスパーソンがエキサイトする場所にしてみましょう。極端に言えば、

ビジネスパーソンが平日に水族館に行くと、商談がよりエキサイトする

という領域です。

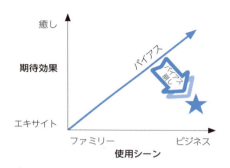

【新結合】
水族館×外国人ゲストとの会食

　以前のことですが、海外からのお客様を迎えるときに厄介だったのが、夜の会食の場所を考えることでした。単純なレストランよりも、変わった特色のあるほうが、海外からのゲストも喜んでくれますし、ホスト側の日本人も話題のきっかけとなり助かります。
　ですから、忍者屋敷を模した赤坂のレストランにも行きましたし、両国の本物の土俵がある「ちゃんこ鍋」の店も使いました。次はどこにすればいいかと、あれこれ悩んだものです。

　そんなことを思い出しながら、アイデアとして出てきたのが、**アンダーウォーター・レストラン**です。
　会社からそう遠くない好立地にある都会の水族館という場を、本来の水族館としての用途ではなく、ビジネスディナーの

CASE 5

前に気分転換するためのちょっとした仕掛けとして使うというコンセプトです。

　イメージとしては、外国人ゲストと一緒に、まずはレストランにチェックインします。
　注文を決めたあとに、用意されたショートコースを回って魚を見ながら会話します。ビジネスを離れた会話のネタがあると、間も持つので、接客には最適です。
　そして、シャンパンなどが整ったところでテーブルに戻って、会食のスタートです。

　このコンセプトの肝は、通常の入場料で儲けるビジネスではなく、**ワインなどのお酒で儲けるビジネス**ということです。ビジネスの会食は、通常のレストランの客単価よりも高いので、水族館の利益に大きく貢献するでしょう。

　利用者からすると、このレストンを利用して商談が弾み、ビジネスがますますエキサイト。まさに、バイアス構造を崩したコンセプトです。

STEP 1　新結合を考える

新結合の領域を決める

　バイアスを崩したら、次に新結合(新しい組み合わせ)を考えていきます。先にバイアスを崩すことによって、ゼロから新結合を見つけるよりも、効率的かつ短時間でイノベーションが生まれる確率を高くすることができます。

　なぜなら、**考えるべき領域が絞り込まれている、ダーツで言えば狙うべき的の中央部分が明確になっている**からです。

　前章で挙げたCase2の学習塾コンセプトであれば、「誰かが人のために学びに行き、その結果として自分自身が実際の利益を得る」という領域(図の右下の★の領域)を決めたら、ここで新結合のネタを探します。

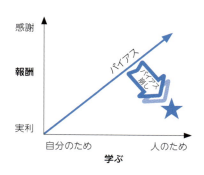

新結合のネタを探す

新結合を

$$A \times B = C$$

と表したとして、お題は学習塾なので、Aは学習塾となります。そして、Cはバイアスを崩した領域の状況、つまり「人のために学びに行き、その結果として自分自身が実際の利益を得る」になります。

よって、

A（学習塾）× B
＝ C（人のために学びに行き、
　　　その結果として自分自身が実際の利益を得る）

を満たすBを探せばよいことになります。

ここで重要なのは、新結合を考える際には、**片方は必ず固定しておく** ということです。たとえば、Case2の学習塾コンセプトでは、Aを学習塾で固定しました。

人間はAとBを同時に動かして、新結合を考えられるほど柔軟な脳を持っていません。ですから、必ず片方を固定して、混乱しないようにします。

シーン探索法

さて、次にBを探します。その際、**私は シーン（情景）の記憶を彷徨って探す**（シーン探索法）ことにしています。

Case2の学習塾コンセプトの場合でしたら、「C（人のために学びに行き、その結果として自分自身が実際の利益を得る）」が成立するようなシーン（情景）を、記憶の中から探していくのです。

たとえば、「小学校で、好きな子がお休みしたときに、その日だけは授業中に熱心にノートを取り、放課後ノートを好きな子の家に届ける」というシーンが浮かんだとします。

これは、好きな子のために学び（ノートを取り）、結果として好きな子に対して自分のポイントが上がるという実利を期待しての行為です。

私がこのシーンを思い浮かべたとき、そのキャラクターは漫画『サザエさん』のカツオ君が出てきました。

このシーンを「A（学習塾）」と組み合わせてひらめいたのが、「B（祖父母の孫に会う口実）」です。

このようにして、Case2の学習塾コンセプトの新結合

A（学習塾）× B（祖父母）

は生まれたのです。

STEP1　新結合を考える

　もう1つ、Case1のアパレルショップコンセプトで考えてみましょう。
　アパレルショップコンセプトのバイアスを構造化すると、次の図のようになります。

　このときは、星で示した左上の領域で、新結合 A × B = C を考えてみました。

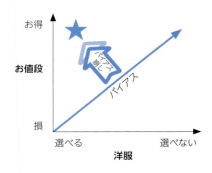

お題はアパレルショップなので、Aは自動的に「アパレルショップ」となります。また、Cは「お得な価格が選べる」となります。よって、

A（アパレルショップ）× B
＝ C（お得な価格が選べる）

を満たすようなBを探せばいいことになります。

　次に、「C（お得な価格が選べる）」があるシーン（情景）を記憶の中から探してきます。このとき、私は次のシーン（情景）がパッと頭に浮かびました。

　期間で異なった価格が表示されているツアー旅行のパンフレットやホテルのインターネット予約サイト。

　結果として、Case1で紹介した**「アパレルショップ×期間で変わるツアー料金」**という新結合が生まれたのです。

STEP1　新結合を考える

　最初は難しく感じるかもしれませんが、慣れてくると次々とシーン（情景）が浮かぶようになります。

　ただし、いくら考えてもシーン（情景）が浮かばないという場合は、崩そうとしているバイアス構造を諦めて、他のバイアス構造にチャレンジしたほうがよいでしょう。

コラム　イノベーションかどうかは顧客が決める

　私はセミナーや講演をするときに、よく参加者にアンケートを取ります。「これからお見せする"もの"や"こと"は、イノベーションだと思いますか？　直感でお答ください」と、聞いてみるのです。

○アップルの iMAC、iPad、iTunes、iPhone など、スティーブ・ジョブズ周りのものはイノベーションでしょうか？
　……平均すると、94% の人がイノベーティブだと答えます。

○日産自動車の電気自動車「リーフ」
　……51%

○ネスレの家庭用エスプレッソ・コーヒー・メーカー「ネスプレッソ」
　……38%

○ボーカロイドソフトの「初音ミク」
　……45%。ちなみに、初音ミクは年齢層の高い参加者にはなじみがないので、決まって「それって何だ？」とざわめきが起こります。きっと幅広い人には刺さらなくても、刺さった人には深く刺さるタイプのイノベーションに分類されるのだと思います。

○パイロットの消せるボールペン「フリクションボール」
　……82%。参加者の業種、世代とは関係なく、必ず高い数値になります。

○ **自然解凍冷凍食品**
　……55%。朝、お弁当箱に凍ったまま入れると、お昼時には自然解凍されて食べ頃になっているという優れものです。

○ **10分1000円のヘアカット・サービス「QBハウス」**
　……25%。このサービスが初めて登場したころは、画期的だ、業界の常識を覆すものだと、さんざんもてはやされました。それが今では、すっかり馴染んで、普通にあるものという認識になってしまったのかもしれません。さらに、最後に髪を洗わないで、掃除機のようなもので吸い込むところなどは、女性には不評を買っているようで、そのあたりも評価が低くなってしまう一因かもしれません。

○ **紙コップ**
　……36%。このあたりになると、みんな迷いを見せます。社風や世代、性別によっても受け取り方は異なるのかもしれません。しかし、「イノベーティブだと思う」と答える人が **毎回必ず1人はいます**。

　そして、そこが重要なポイントです。
　誰か1人でもイノベーションだと感じている人がいる以上、ここに挙げた商品はすべて、この場においてはイノベーティブなのです。

商品やサービスがイノベーティブかどうかを決めるのは、お客様であって、作り手ではありません。

　どれほど新技術を駆使していようとも、使う人たちがそれをイノベーションだと受け止めてくれなければ仕方ありません。

　自分たちでそう思うのではなく、誰かにイノベーションだと受け入れられるかどうかが、とても大事になるのです。

　とはいえ、アイデア開発の段階で、やたらにお客様調査をすればいいという話でもありません。なぜなら、世の中にないものを出そうとしているのに、これはどうですかと聞いても答えられるはずがないからです。

　これは、スティーブ・ジョブズも指摘していることです。

　とにかく、イノベーションの定義論に無駄に時間を割くよりは、とりあえず前に進めて世の中に問うてみたほうがいいのは確かでしょう。

ストックが多いほうが有利である

　新結合では、結合のネタをどれだけたくさん持っているかで、有利不利が決まります。

　たとえば、AさんとBさんがいたとして、Aさんは頭の中に新結合のネタが乏しく、Bさんは豊富に持っているならば、新結合でひらめきを得るときに圧倒的に有利なのはBさんです。要するに、知らないものは結合できないというわけです。

　ところで、ネタは必ずしも自分で持っていなくても構いません。なぜなら、人脈があれば、新結合のネタになるからです。逆に、職場から一歩も出なくて自分の専門領域のことしか知らなければ、ネタには制約が出てきてしまいます。

　大事なのは、とにかく1人で籠ってないで、**外に出て、人と会って、いろいろな話を聞くこと**です。

　これが発想法を磨く最も有効な手段だと、私は考えています。実際に、新結合のネタを考えるときに、**新しい情報はたいてい外にあります。**

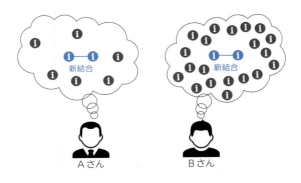

アイデアは制約条件があるほうが出てくる

　意外かもしれませんが、新結合を考えるときには、**何らかの制約があったほうが効果的です**。先述したように、なんでも自由でいいとなると、逆に考えにくくなってしまうのです。

　しかし、企業では「新しいことを考えるのだから、一切の制約を外して発想していい」と、担当メンバーに丸投げするパターンをよく見かけます。

　ところが、そう言われた瞬間に、そのメンバーは辛い立場に追い込まれます。

　これは、私自身が実際に経験したことです。せめて「この領域で」「この素材を使って」という制限がないと、どこから考え始めたらいいのか、浮かんだアイデアをそのまま深めていいのか、まったく検討がつかないのです。

　たとえば、次のように言われたとします。

「今から3分間で、何か面白い新結合を考えてください」
「今から3分間で、文房具で何か面白い新結合を考えてください」

こう言われたとき、後者のほうが絶対に考えやすいはずです。「3分間で」という時間制限や、「文房具で」という範囲を決めると、それがきっかけとなって、脳が回転しやすくなるからです。

　また、時間が短いとロジカルに考えていられないので、直感や感覚に頼るしかありません。つまり、右脳をフル活用させやすくなるのです。

　IDEOのティム・ブラウンも、制約はすごく必要だと述べています。IDEOとしての制約は、「お客様にとって役に立つか」「経済的合理性があるか」「技術的な実現性があるか」というもので、この全部を満たさないとイノベーションとは呼ばないそうです。

最終決定は1人で行う

　アイデア出しは個人でやるよりも、グループで力を合せたほうがいいとよく言われます。ところが、実際にはそうでもないかもしれないと、私は思っています。

　特に、日本型ブレインストーミングで多いのが、**集団無責任に陥ってしまう**ことです。尖がったアイデアを考え出しているつもりが、ついみんなの意見を組み入れて妥協してしまう。そんなパターンになってしまうことがよくあります。

　もちろん、チームビルディングや既存事業の改善で新しい試みをやるのであれば、それでも構わないかもしれません。しかし、これまでにない新しいものを発想しようとするときには、出てきたアイデアをKJ法で整理し、丸めたうえに、みんなで採決するというやり方は明らかに不向きです。

　では、集団無責任を回避するには、どうすればいいのでしょうか？

　私の場合、**チーム・ブレーンストーミングを行うときには、必ず「エースストライカー」を決める**ようにしています。

　たとえば、「今、この方向性の新しい飲料を検討しているけれど、皆でアイデアを膨らませてよ」と場に出して、みんなで知恵を出し合います。そうすると、参加者は自由にさまざまなアイデアを出してきます。

ただし、その場ではそれが良いか悪いかという議論はしません。あえて、アイデア出しに留めます。そして、最終的に決めるのは最初に声掛けをした発起人、つまりエースストライカーとするのです。

　あなたがつくるコンセプトだから、決めるはあなたなのだと、

責任の所在を明確にする

　というわけです。

　一人ひとりの切り口や見方は異なります。ですから、チームの力を借りれば、いろいろな角度から有象無象のアイデアが出てくるでしょう。しかし、結論を合議制で決めるとなると、尖った切り口が消えてしまい、イノベーションにはつながりません。

　それよりも、**エースストライカーは自分だという意識をもって、最後は自分の責任で意思決定する**ことが重要です。

　なお、エースストライカーはいつも同じ人に固定するのではなく、案件ごとに替えていけば、不公平になることもありません。どの企業でも普通にやっているブレストでも、工夫することで、結果は違ってくるものです。

ひらめく力を身につけるためのマインド

　最近、イノベーションは「セレンディピティ」だとよく言われます。「セレンディピティ」とは、予期しないものを偶然に発見することやその力を指す言葉ですが、幸運の女神がそんなに簡単に見つかるはずがありません。

　たとえば、ビートルズの「マジカル・ミステリー・ツアー」は、ビートルズのように才能のある4人のメンバーが揃って、バスツアーでどこかに出かければ、すごいことが起こるはずだということから企画が始まりました。

　ところが、実際にはそれほどすごいことは起こりませんでした。つまり、どれほど才能に恵まれた人、優秀な人でも、そうそうセレンディピティに巡り合えるものではないということです。

　同様に、同じ情報を見ても、そこからすごい発想ができる人もいれば、何も思いつかない人もいます。何でもない情報だと思って捨ててしまえば、それは永遠に新結合に使われることはありません。

私は、

セレンディピティとは、見聞きしたことをストックしていく能力のこと

だと思っています。したがって、ひらめく力を豊かにするためには、これは新結合に使えるかもしれないという感覚をもってストックしていくことが、とても大切になります。

記憶のピース、そしてティップスの数と広がりは、発想力の豊かさにダイレクトに影響を及ぼします。ストックが多いほど、シーン探索法では有利になりますし、これはうまくいきそうだとか、これはダメだなという勘所もつかめるようになります。

第4章

ストーリー化して、新結合の合理性を検証する

Case 6 メガネ屋の新サービスを企画せよ

メガネは昔からある商品ですが、「見る」ことに対する機能を追加することで付加価値を高めてきました。では、「見ることに関係ない」機能を追加するとしたら、どのようなサービスが考えられるでしょうか？

「メガネの刻印サービス？？？」

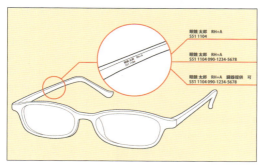

「へぇー、緊急連絡先とか血液型が入るんだ。
いざというとき、安心だな。しかも無料だし」

CASE 6

夫「今度つくったメガネ、緊急連絡先にママの携帯番号入れたから」
妻「へぇー。いろんなサービスがあるのね」
子「見せて、見せて」

「刻印サービス！ これ、うちのおじちゃんにいいかも」

メガネに氏名、血液型、緊急連絡先などを刻印するメガネ屋のサービスです。常に身につけるものなので、病気や不慮の事故などで意識がない場合に役に立つでしょう。

解説 Case 6

お題：メガネ屋の新サービスを企画せよ

【メガネ屋のバイアス】
メガネの付加価値は、見ることに関するものだよね

　私は近視のためメガネを使うのですが、昔と比べるとおしゃれなメガネがお手頃価格で手に入るようになりました。私も、複数のメガネを TPO や気分で使い分けて楽しんでいます。

　メガネ自体は昔からある商品ですが、工夫しだいで、メガネ業界も随分進化するものだなと思ったものです。

CASE 6

　そこで、私も、この古くからある伝統的な商品のバイアスを崩して、何か面白いサービスがひらめかないかと思いつくってみたのが、このコンセプトです。

　メガネというものは、視力が悪い人がよく見えるようになるために使うものというのが、私たちの常識です。
　メーカーはこの前提に立って、視力矯正のための薄型レンズ、遠近両用レンズ、紫外線やブルーレイ・カットなどの機能を付加しながら、商品価値を高めようとしてきました。

　すなわち、メガネ屋さんには、**「見ることに関する付加価値をメガネにつけると、メガネの価値が上がる」**というバイアスがありそうです。

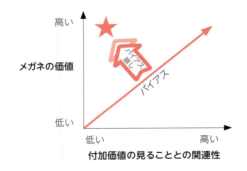

付加価値の見ることとの関連性

そのバイアスを崩すと図の左上の領域、つまり

見ることに関係ない付加価値をつけると、メガネの商品価値が上がる

となります。

【新結合】
メガネ×軍隊のIDタグ

　ここで私の頭に浮かんだのが軍人がつけるIDタグです。
　軍人は戦場でいつ死ぬか、わかりません。万が一の時に身元が確認できるように、常にIDを身につけていると聞きます。

　こうしたIDをメガネと結合させたらどうなるでしょうか。すなわち、メガネ屋さんのサービスとして、**購入したメガネに氏名、血液型、緊急連絡先などを刻印する**のです。

　メガネの一番のポイントは、目の悪い人は常に身につけるということです。ですから、病気や不慮の事故などで意識がなくなって倒れたときの身元確認に役立ちます。

CASE 6

　おそらく、スマートフォンではこれほど簡単にはいかないでしょう。確認しようとしても、ロックがかかっていれば、名前はおろか、緊急連絡先もわからないのですから。

　メガネには、緊急連絡先や血液型など命にかかわる情報を刻印するわけですが、フレームの内側に刻印すれば、フォントの工夫でクールなアクセントにもなります。
　内側であれば、通常は人に見られることもなく、プライバシーの問題も生じません。

　最近は高齢化で、徘徊老人が問題にもなっていますから、迷子になった高齢者を探す際にも役立ちそうです。将来的には、メガネを使ってドナー提供の意思表示などもできるようになるかもしれません。

end

STEP 1　ストーリー化する

　作成した新結合の筋の良し悪しを検証する効果的な方法が、**実際の使用シーンを思い浮かべながら、ストーリー化してみる**ことです。

　考えた新結合の使用シーンをイメージしたとき、活き活きとした情景が思い浮かべば、新結合は成功です。本書のすべてのケースにつけた4コマ漫画風のイラストがこれに当たります。
　たとえば、Case1のアパレルショップの場合はこんな感じでした。

何気なく立ち寄ったアパレルショップで、気にいった洋服を見つけるが、バーゲン期間ではないので購入に迷う。

値札に期間ごとの値段の変化が表示されていることに驚く。

30%引きなら納得して買えると決心して、予約をする。

30%引きでの予約が3番目だったので、あまり期待していなかったが、自分に順番が回ってきて喜ぶ。

　また、Case2の学習塾コンセプトでは、次のようなイラストを入れました。

祖父が、孫が通っている塾の前を通りかかる。

STEP 1　ストーリー化する

シニア向けコースの存在に気づく。このとき、孫に勉強を教えると会う口実になると考えている。

孫に会う口実のため通い始めた塾だが、自分自身、勉強が楽しくなり、同世代の友だちも増え、充実している。

学校から帰ってきた孫の宿題を見てあげる。作戦成功！

　ストーリー化が上手くいっているかどうかのバロメーターは、自分自身の**ワクワク度**です。頭の中で「早く実現してみたい！」とワクワクするストーリーが描けたら、新結合は大成功です。

STEP 2　接点の設計を確認する

　ストーリー化の次に、新結合の合理性をチェックする方法が、これから説明する **接点の設計** です。その際には、次の2つのポイントを考えなくてはなりません。

① 実質的な価値
② 情緒的な親和性

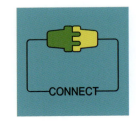

実質的な価値

これは、

お客様にとって何かいいことがある

ということです。

たとえば、消せるボールペンであれば、ボールペンで書いたものが消せれば、失敗箇所も訂正できるので、利用者には大きなメリットとなります。

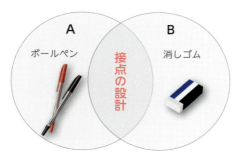

価値のある新結合

STEP2　接点の設計を確認する

情緒的な親和性

これは、

互いの持っている世界観、価値観、ストーリーがうまく合わさり、ぶつかりあわないことです。

いくら便利になるとしても、拒絶反応が起こるものではいけません。

たとえば、蕎麦屋が「冷やし中華を始めました」というのぼりを出したならば、私なら「ああ、やってしまったな」と残念に思います。

もちろん、和の蕎麦屋で冷やし中華が食べられるのは選択の幅が広がるので、顧客にとって価値があることのように思えるかもしれません。

しかし、これは終わりの始まりです。そうやって和食に関係のないメニューが増えていけば、蕎麦屋という情緒感や和の世界観など、それまでのストーリーを崩してしまいます。

とってつけた新結合

同じく蕎麦屋でメニューを増やすとしても、高級和菓子屋と提携した新しいデザートを加えるというのであれば、それほど世界観の邪魔にはならないはずです。

　このような例はいくらでもあります。たとえば、お年寄りを見守るために、老人ホームのありとあらゆるものにセンサーをつけるというアイデアは、お年寄りにとってメリットはあるかもしれません。
　その一方で、監視されているようで、あまり気持ちのいいものではありません。

　これでは、情緒的に親和性があるとは言えないでしょう。おそらく、マーケットからも受け入れられないのではないでしょうか。

STEP 2　接点の設計を確認する

常にアンテナを張り、挑戦する気持ちを持つ

　コンサルティング活動をしていると、クライアントから「とても素晴らしいアイデアですね。ただ、それに近いアイデアは、われわれもすでに考えていたんですよ」と言われることがあります。

　確かに、社内のブレストで、すでに似たような話が出ていたのかもしれません。だとすれば、一番に考えなくてはならないのは、**なぜそのアイデアが実現されていないのか**、ということです。

　アイデアだけで終わらせずに、それを世の中で実現させるためには、既存のバイアスをどう崩し、顧客にとってどのような価値を生み出せるかというロジックの積み上げが不可欠です。

　それをしない限り、ビジネスとして成立しませんし、意思決定者も納得してくれないでしょう。

　技術面とお金の面で実現性がクリアでき、顧客にとって価値があり、世界観も崩さないことがわかった。そして、これをやろうと決定したならば、先に進まなくてはなりません。

　知っているだけ、考えているだけでは、何事も生まれません。**実行あるのみ**です。

　そのためにも、セレンディピティを言い訳にするのではなく、**普段からアンテナを張って、いろいろと探し、新しいことにトライしようという気持ちを持ちましょう。**
　そういうマインドセットが何よりも大事です。そして、これは私がこの本で最も伝えたいことの1つです。

コラム　美しさと使いやすさ

　最近のイノベーションのトレンドを見ていて思うのは、**美しさ**や**使いやすさ**という感性面での改革が起こっていることです。

　従来は機能をてんこ盛りにした商品がイノベーションだと捉えられていましたが、今は明らかに「それがモノとして美しいか、使いやすいか」という文脈が加わっています。

　そのよい例がアップルの製品であり、おそらくジョブズがそうした世界観へと変えたのではないかと思います。

　たとえば、私が世の中であまり美しくないなと感じるのが、テレビのリモコンです。ボタンがやたらに多いし、二重構造になっていて、蓋を開けると、下にもボタンがずらりと並んでいたりします。しかも、表面だけでなく、横側にもボタンがついている。

　高機能のテレビを全部リモート・コントロールしようとするので、このようなデザインになってしまうのでしょう。しかし、すべてのボタンを使ったことのある人など、果たしているのでしょうか。こうしたものは、美しくもなければ、使いやすくもありません。

　仮に、ジョブズが健在でアップルで新しいテレビをつくったならば、リモコンのボタンはなくせという話になるでしょう。

　驚くエンジニアに対して、ジョブズは「それが最も美しいからだよ。そのほうが使いやすいじゃないか」

と平然と言い放つ。「そんなの無理ですよ」と躊躇する人はすぐさま首にして、代わりのエンジニアを連れてきたりしそうです。

　また、周囲を見渡して、十数年前と比べて大きく様変わりしているなと感じるのが、掃除機です。個人的な好みもあると思いますが、私から見れば今の掃除機のほうがデザイン的にも格好いいし、使いやすさの観点でも格段と進歩しています。
　特筆されるのが、透明なプラスチックのカバーを使ってゴミが見えるようになった点です。従来は、ゴミが見えると汚いとして、見えないようにしていました。
　しかし、隠すよりも見えたほうが、溜まったゴミをいつ捨てればいいのかがわかります。さらに、しっかりゴミを取っていることがユーザーに伝えやすいというメリットもあります。

　以上からもわかるように、昔はまず技術ありきで、技術をてんこ盛りして、それを包み隠すためのデザインが用いられていました。
　しかし今では、**デザインや使いやすさが最初**にあって、そこにどう技術をしっかり盛り込むかを考えるようになっています。言い換えると、デザインや使いやすさの地位が向上していて、技術と対等か、場合によってはそれ以上になっているのでしょう。

　こうした感覚をつかむことは、新しいものを考えていく際にすごく大事になってきます。

第5章
コンセプト作成エクササイズ

Case 7 ECサイトの新規登録を獲得し利用者数を増加させよ

次々に新しいサイトが立ち上がり、激しい競争を繰り広げるECサービス。ECサイトの利用者を増やすには、どんな施策が考えられるでしょうか。

「おっ！　ホワイトデーギフト・コレクションをやってるじゃないか。しかも、ポイント20倍」
「商品ジャンルごとにカタログがあるのか！　たしか、エマは靴を欲しがってたよなぁ」

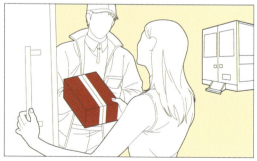

「佐藤さん、宅急便です」
「あらっ、素敵な小包！　何かしら」

CASE 7

「ワァー、靴のカタログだわ！ すごーい綺麗」
「チャーリー、ありがとねー」

「この靴に決めた！
　まだ3000ポイントあるから、ついでに化粧水も
　買っておこう！ ECって、ほんとに便利だわ」

頭打ち感のあるECサイトの新規顧客を増やすにはどうすればいいのか、ECサイト運営者と雑談的に議論したことがあります。その際にひらめいたのが、このサービスです。

解説 Case 7

お題：ECサイトの新規登録を獲得し、利用者数を増加させよ

【EC運営会社のバイアス】
お客様は自主的にECサイトにアクセスするものである

　ECサービスはその便利さから、今ではすっかり私たちの生活に溶け込んでいます。私も相当なヘビーユーザーで、1週間に2～3回はECサイトで買ったものが家に届きます。
　このように成長著しいECサービスですが、日々新しいサイトが立ち上がっており、顧客獲得競争はかなり激しい状態にあります。そこで、ECサイトに新規会員を取り込むための方法をバイアス崩しで考えてみました。

CASE 7

　まず、ECサイトが新規顧客の獲得ニーズを満たす方法として運営会社が一生懸命考える際のバイアスとはどのようなものか、考えてみましょう。おそらく、キャンペーンを打って、きっかけをつくり、お客さんの利用意欲を高めて自主的にアクセスしてもらおうと考えているものと思われます。

　これは、キャンペーン等をきっかけに**「顧客が自主的に行動すると、ECサイトの利用意欲が高まる」**というバイアスがECサイトの運営会社にあるからです。

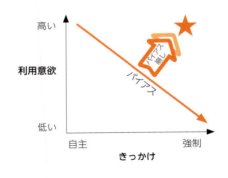

このバイアスを崩すと、

顧客に強制力の強いきっかけを与えると、利用意欲が高まる

となります。

つまり、強制的にECサイトにアクセスせざるをえないきっかけから、利用意欲が高まっていくというモデルです。

振り返ってみると、私も似たようなことを経験しています。実は、私が某有名大手ECサイトを使うようになったきっかけは、クレジットカードのポイントを消化するためでした。

貯まっていたポイントをどうしようかと思っていたときに、その某ECサイトのポイントに振り替えられることがわかり、本の購入費に充てたというわけです。

でもよく考えてみると、これはクレジットカード会社によって強制的にそのECサイトを使わされているという構図になります。

【新結合】
ECサイト×ポイント転換

そこで、ポイントサービスをECサイトの世界に持ち込んでみたのが **ギフトコレクション・コンセプト** です。

誕生日、バレンタインデー、ホワイトデー、母の日、父の日などの記念日に、遠方に住む恋人や親しい人に、ネットでプレゼントを買って贈ることはすでに浸透しています。ですから、「ECサイト」と「ポイント転換」を新結合してみたのです。

たとえば、遠距離恋愛中の彼女の誕生日に、「あなたのECサイトのアカウントに彼氏から3万ポイントが振り込まれました」というメールが届いたとします。

ところが、これは下手をすると喧嘩の原因にもなりかねません。誕生日のプレゼントは嬉しいとしても、彼女からすれば、ただポイントを振り込んだだけでは、手抜きしすぎだろうというわけです。

そうではなく、ポイントの振り込み連絡とともに、靴のカタログが宅配便で送付されてきたのなら、彼女はきっと感動するはずです。「私が靴を欲しがっていたことを、ちゃんと覚えていてくれたのね。しかも、自分で選べるようにしてくれるなんて」

靴のサイズやデザインの好みは人それぞれなので、そういう細やかな気配りまでしてくれたと、彼女は好意的に受け取ってくれるでしょう。こうした相手に対する想いやりの気持ちや配慮が伝わることは、ギフトではとても重要となります。

　ここで面白いのが、ポイントを送られた人は自分で追加の出費をするとギフト感が薄れてしまうので、ほとんどの場合3万ポイントを受け取ったとしたら、3万ポイント以下で買える靴を選ぶと予想されることです。
　すると、ジャスト3万ポイントの靴はそんなにはないので、数千ポイント余ることになります。この数千ポイントはもったいないので、自分でそのとき欲しいものを、**ECサイトで探して購入するという行為が、強制的に生まれる**ことになります。

　要するに、これは、彼氏によって彼女が強制的にそのECサイトを利用させられたと言ってもいいのではないでしょうか。

　ちなみに、カタログは、事例の靴だけでなく、台所用品、ジュエリー、アクセサリー、バッグなど、ジャンルごとに作成することもできます。また、若者を狙うのであれば、カタログを豪華にしておしゃれ感を演出するなど、何らかのブランドイメージをつくってもいいでしょう。

ゴージャスなカタログにしても、余計な費用がかからないようにすることもできそうです。カタログはいわば広告なので、「このカタログに載せると、売上げがアップしますよ。掲載料はいくらです」と、加盟店に広告依頼をしてみましょう。そうすれば、カタログで儲けないまでも、コストを最小限に抑えることはできそうです。

ポイントは「ネット企業のオフラインへの進出」

　このコンセプトのもう1つの面白さは、ECサービスの企業が、ネットからオフラインの世界に出ていける可能性があるところです。

　すなわち、結婚式の引き出物等で人気の **カタログギフト市場への進出** です。

　新郎新婦にイメージに合うカタログを選んでもらい、結婚式の引き出物にしてもらうのです。
　いただいた方は、カタログ内に気に入った商品がない場合は、ECサイトのポイントとして利用できる仕組みを組み込めば、ECサイト内で好きなものが買えるようになります。

　とても便利なサービスだと思いませんか？　　　　`end`

Case 8 客足減少でジリ貧の街の映画館を救え

レンタルビデオやオンデマンドネット配信によって、年々お客さんが減少する街の映画館。衰退する街の映画館を救うにはどうしたらいいのでしょうか？

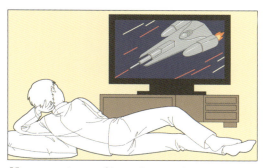

「『スペースウォーズ』の1作目、面白いなぁ。映画館で観たいなぁー。でも、古い映画だしなぁー」
「あっ、そうだ！」

「あった。あった。『スペースウォーズ』1作目、映画館上映の仲間を募集しているぞ。しかも、あと7人か。これはいけるかも」

CASE 8

「おっ。上映映画館と日にちが決まったみたいだな」

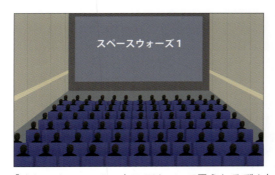

「よしっ! ついに、大スクリーンで見られるぞ!」

家で簡単に映画が見られるようになってからというもの、映画館の経営は厳しくなってきました。そんな映画館を何とかモデル転換できないかと考えたのが、このコンセプトです。

解説 Case 8

お題：客足減少でジリ貧の街の映画館を救え

【顧客のバイアス】
ネット配信のオンデマンドは、
家でゆっくり好きな作品を見られるからいいよね

　1988年公開のイタリア映画『ニュー・シネマ・パラダイス』は、私の記憶に強く残る素晴らしい作品です。この映画は、シチリア島の小さな映画館が舞台となっています。

　街の映画館は、娯楽の少ない時代では娯楽の王様であり、街の人々の交流の場でもありました。そんな街の映画館も、今ではショッピングセンターと同居し、多くのスクリーンがあるシネコンに押されて、減少の一途をたどっています。

CASE 8

　さらに、映画館全体の課題として、オンデマンドネット配信の普及があります。どう見ても、先行きが明るいとは言えません。

　このまま街の映画館は消えてしまうのでしょうか。時代の流れと言ってしまえばそれまでですが、何とかならないものでしょうか。

　そこで、映画に対する顧客のバイアスを、オンデマンドネット配信と比較して考えてみました。

　家のようなプライベート空間では、そのとき見たい映画を選んでゆっくりと見る。対して映画館では、そのときに公開されている最新の映画を見る。これは、映画の楽しみ方として一般的です。

　そして、これこそバイアスなのではないでしょうか。すなわち、**「映画を楽しむ空間がプライベートから共有空間へとなればなるほど、映画を選択する主体性が失われていく」**というバイアスです。

これを崩すと、

共有空間なのに、映画を自分で選ぶ

ということになります。

そして、この領域の新結合は、ズバリ **「映画館」×「オンデマンド」** です。

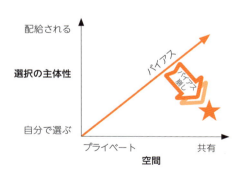

【新結合】
映画館×オンデマンド

　映画館の魅力は、何と言っても、大きなスクリーンと迫力のある音響です。その映画館で、自分の見たい映画を見ることができれば、素晴らしい体験になるはずです。

　さすがに1人や2人では無理ですが、一定の人数が集まれば可能になります。
　では、どのくらいの人数が集まればいいのでしょうか。
　実は映画館の損益分岐点は、単独の映画館で10％程度、シネコンで15％程度だそうです。平均的な座席数200席のスクリーンで考えると、20〜30人集まれば上映可能となる計算です。

　意外に少ない数に驚かされます。では、どうやって集めるかですが、ネットで有志を募る仕組みを導入します。

　たとえば、シリーズ物の映画の新作が公開された際などは、その旧作を映画館で観たいという人は少なからずいます。そういう人向けに、「30人以上集まれば、見たい作品を映画館で上映する」とするのです。

　つまり、こういうことです。**映画館をオンデマンドスクリーンとして時間枠を解放する。そこに特定の映画を見たい有志が所定の人数集まって成立したら、所定の日にその作品が上映される**、という流れです。

　映画館も人数を制限する必要はないので、上映プログラムをネットで公開すれば、それを見て映画館に来るお客さんもいるでしょう。30人で成立し、実際には50人が観に来る可能性もあるわけです。

　一昔前までは、映画館にフィルムがなければ、映画は上映できませんでした。しかし、現在はネット配信で契約関係さえクリアできていれば、古い映画から新しい映画まで何でも上映可能です。
　ネット配信により、家庭でいつでも好きな映画が観られるようになったのと同じように、実は映画館でも、いつでも好きな映画が上映できる環境は整っているのです。

ポイントは「特色を出すこと」

　時間枠を解放して有志を募るわけですが、**映画館もしくはスクリーンごとに特色を出す**ことが集客の鍵になります。

　上映映画は顧客が選ぶとは言っても、『スターウォーズ』の次に『釣りバカ日誌』が上映されるというのは、さすがに特色がなさすぎです。
　A映画館はSF映画のオンデマンド専門、B映画館は邦画のオンデマンド専門とすれば、SF好きが集まれば、まずA映画館の空き枠を探しにいきますし、釣り好きが集まればB映画館の空き枠を探すという行動の流れができ、リピートしやすくなります。

　これが重要です。**特色を出せば、映画館で販売するフードやグッズも特色を出せて、こちらからの売上げも期待**できます。

　この発想の延長線で考えると、オンデマンドで上映されるのは、映画に限らないかもしれません、合唱サークルの仲間で自分たちの発表会の映像を見たり、野球好きの仲間が伝説の名試合を見たりと、さまざまな用途が浮かんできます。

Case 9 忙しい主婦の負担を減らせ

毎日の献立を考えるのは、一家の主婦にとって悩ましい問題。そんな主婦の手助けをする新しいサービスを考えてみましょう。

「今日の夕飯、何にしようかしら。
　ほんと、毎日考えるのは面倒だわぁ」

「あらぁ、献立提案サービス？ 何かしら？」

CASE 9

「えーっと。昨日の夕飯はとんかつ、一昨日は……」
「あっ出てきた。オススメは豚キムチね。たしかに最近食べてないわ。
しかも、豚キムチの素のクーポンもついている！」

「さぁ、今日の夕飯は何にしようかしら？？
お店の端末を使わなくても、スマホでできるから便利ね」

妻と話していて気づいたのですが、世の中の主婦というものは、毎日の献立を考えることは面倒で、憂鬱だと感じているようです。このコンセプトは、その負担を減らすために考えたものです。

解説 Case **9**

お題：忙しい主婦の負担を減らせ

【主婦のバイアス】
毎日の献立を考えられるのは、自分だけである

　炊事、洗濯、掃除に育児と、主婦は大変です。この大変さは、やるべきことが多いだけでなく、日々同じことを繰り返さなくてはならないということも一因だと思います。

　その中でも主婦にとって最もストレスフルなのが献立です。献立を考えるのは主婦たる者の務めだとも思っているので、手抜きもできません。

　レシピサイト等を参考にして、それに乗っかりたいと思いつつも、実際にそれができるのは1年のうち数日程度。

なぜなら、献立をたてるには家族構成、好き嫌い、カロリーバランス、塩分控えめ、お財布の事情など、考慮すべき要因がいろいろとあるからです。そのため、誰かから「これがいいよ」と薦められても、必ずしも参考にならないのです。

そうなると、365日中300日くらいは自分で決めなくてはなりません。しかも子どもがいれば、朝昼晩で1,000回を超えます。これは相当の苦痛です。

この流れには、**「毎日の献立を考えられるのは、自分だけである」**というバイアスがあります。

これは、考慮すべき要因が多くなればなるほど、自分で決めるしかないというバイアス構造で表現できます。

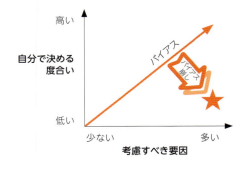

ここまできたら、残るはバイアス崩しです。狙うべきは、もちろん、

考慮する要因が多いけれども、自分で考える度合いが低い、すなわち誰かに考えてもらう

の領域です。
　そして、その領域を狙って考えついた新結合が**「買い物」×「相性診断」**です。

【新結合】
買い物×相性診断

　ネット上の相性診断では、AとBのどちらが好きかといった質問に答えていくと、最後に診断結果や解説が表示されます。この要素を献立に取り入れたらどうなるでしょうか。

　つまり、夕飯の献立に困っている主婦のために、「昨日の夜、何を食べたか」「何人分か」といった**簡単な質問に答えるだけでおススメの献立を示してくれるというスーパーの集客用サービス**です。

CASE 9

　スーパーでは、鍋やハンバーグなど、毎日のようにチラシや店頭で夕食のおかずを宣伝していますが、それは一方的なもので、各家庭の状況とは何の関係もありません。
　しかし、家族の健康を預かる主婦としては、おいしければいい、新しいものであればいいという話ではすまされません。

　その点、コンピュータが個別の要因を考慮しながら、何らかの解釈をして、おススメの献立を提示してくれるのであれば、大助かりです。
　しかも、コンピュータの質問に答えた瞬間、主婦は家族のために考えなくてはならない要因を献立に盛り込んだと言い訳することもできます。

　献立だけでなく、予算やカロリー計算、栄養バランスなどを表示させれば、ビジュアル的にもアピールできます。お料理サイトを見れば、塩分やカロリーなどはわかるかもしれませんが、いちいち計算するのはかなりの手間です。

ポイントは「主婦の役に立つこと」

　使用するデバイスとして、たとえばイオンであれば既存のワオン用端末が活用できそうです。最初はお店で大々的に告知するためにこうした店頭端末を用いますが、スマホ用アプリに誘導していければ、端末の前に行列ができたり、プリントアウトしたりといったことも不要になります。

　また、スマホアプリにすれば、過去の献立のログが残りますので、使えば使うほど提案の精度も上がっていきます。

　店側としては、メニューの中身をすべてお店にある素材で構成すれば、「この醤油やチーズを使ってください」というように、おススメ商品や新商品のプロモーションにも使えます。

　また、利用者データを取れば、人気メニューもわかります。店舗カードなどと連動すれば、貴重なマーケティングデータにもなるでしょう。

CASE 9

　このように、広告ツールとしても利用できるのであれば、食品メーカーの協力も得やすくなるでしょう。そこからプロモーション費用や広告費を取るようにすれば十分に運営できますし、店側も集客効果を見込めるので、一石二鳥の仕組みにできそうです。

　このように献立サービスのコンセプトはいろいろな展開が考えられますが、一番のポイントは **何よりも世の中の主婦の役に立つ** ところです。

`end`

Case 10 客足が減少する、ひなびた温泉地を救え

訪日外国人が増えて、ミニバブルの様相を示す観光業界ですが、知名度が低い温泉地はまだまだ厳しいようです。そんなひなびた温泉地を救うには、どのような施策が考えられるでしょうか。

妻「今度の温泉旅行、楽しみですね。私はここでお茶したいわ」

妻「お宿でお直しを頼めるみたいだから、このお洋服のサイズ直しをお願いしましょう」
夫「じゃ、俺はこの気に入っているカバンをメンテナンスしてもらおう」

CASE 10

妻「このお洋服の直しと、夫のカバンの手入れをお願いします」
女将「確かにお預かりしました。ご出発までにお直しさせていただきます」

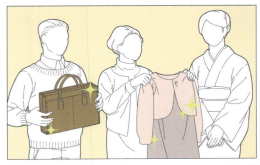

妻「あなた見て。サイズぴったり。これで、また着られるわ」
夫「カバンも、新品みたいにきれいになったよ」

> 外国人観光客が増えれば、日本の宿泊施設はある程度潤うはずなのですが、昔ながらの旅館は斜陽産業と言われて久しいものがあります。どうしても設備の整ったホテルに押され気味で、撤退する事業者も相次いでいます。

解説 Case 10

お題：客足が減少する、ひなびた温泉地を救え

【顧客のバイアス】
温泉旅館は、非日常を楽しむところだよね

　訪日観光客が増大し、インバウンド消費に湧く今日この頃ですが、必ずしもすべての観光地が潤っているわけではありません。訪日観光客が訪れず、苦戦する地域も多くあります。

　このような地域は、外国語の案内を増やしたり、外国にその地域のPRに出向いたりと、あの手この手で訪日観光客を呼び込もうと努力していますが、単純にもっと日本人の観光客が訪れるような取り組みをしてもいいのではないか。そんな考えから、このコンセプトをつくりました。

CASE 10

　イメージしたのは、客足が増えずに困っている温泉地。そうしたひなびた温泉地を訪れる日本人観光客を増やすには、どうしたらいいのでしょうか。

　温泉地の中心は、やはり旅館です。そこで、旅館に新しいサービスを取り入れて、温泉地全体を活性化するという流れで考えてみます。

　ところで、温泉旅館に関する顧客のバイアスには、「温泉旅館は、非日常を楽しむところだよね」というものがありそうです。

　すなわち、**「旅館に非日常的な付加価値を加えれば加えるほど、旅館の価値が上がる」**というバイアス構造です。

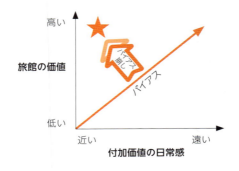

事実、私たちが普通に思い浮かべる高級旅館のイメージといえば、「日常を離れてくつろぐところ」というものです。
　自分で3食のご飯をつくる必要も、広い畳の部屋を掃除する必要もない。そういう日常からすべて解放されるのが、旅館という場所です。

　したがって、旅館側も非日常を演出しようと、いろいろな工夫を凝らしています。眺めがよいのはもちろんのこと、部屋に露天風呂がついていたり、離れのように各部屋が独立してたり。
　安いホテルでは食事もバイキング方式が多いですが、旅館は部屋食で、仲居さんが豪勢な料理を運んできてくれます。布団の上げ下げをはじめ、至れり尽くせりのフルサービスを受けられるのです。

　このバイアスを崩して、あえて、

日常的な感じが強い付加価値を加えると、旅館の価値が上がる

という領域を考えてみます。

　この領域で何が起こるだろうかと考えて、私がひねり出した新結合が**「旅館」×「職人によるメンテナンスサービス」**です。

CASE 10

【新結合】
旅館×職人によるメンテナンスサービス

　所持品のメンテナンスはかなり日常感のあるサービスですが、旅館に宿泊する特性を上手く利用すると、きれいな新結合が生まれます。

　旅館には、通常2泊とか3泊とか連泊で滞在します。その特性を活かして、洋服の寸法直しや修繕、高級時計のメンテナンス、大事にしているカバンなど革製品の修理といったメンテナンスサービスを行うのです。

　修理、メンテナンス系のサービスはやろうと思っていても、忙しさにかまけて、ついつい後回しになってしまうものです。エグゼクティブの場合、気になっていても放置してしまうということも多そうです。

　そこで、旅行に行くついでにメンテナンスが必要なものを持っていき、旅館にチェックイン後に修理を依頼します。すると、チェックアウトまでにきれいに修理されて届く。
　こういうサービスがあったら、私も実際に利用してみたいものです。

CASE 10

　このサービスでは、旅館を基点に地域の職人、革製品や洋服の直しをする人などを上手く活用します。そうすれば、**その地域が職人さんたちの集まる集積地となり、地域の職人の活性化や町興しにつながっていきます。**

　話題になって、特定の温泉街に職人が集まり始めたら、正のスパイラルに入ることもできるでしょう。しかも、物を大切にする「もったいない」という今のトレンドにもマッチしています。

end

Case 11 苦境に立たされているファストフードチェーンを救え

客離れを起こしているファストフードチェーンを回復させるには、どのような施策が考えられるでしょうか。

OL「あら？ 新しいお店かしら。お洒落なファストフード店ね」

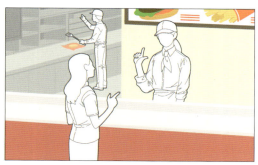

店員「ご注文は以上でよろしいでしょうか？」
OL「はい。大丈夫です」

CASE 11

OL「うわー! 新鮮な野菜がいっぱいある。
　　オーガニックトマトのケチャップも美味しそー」

OL「おいしい! しかも、すぐに食べられるから、お昼休みが有効
　　に使えるわ」

> 大手ファストフードチェーンが苦境に陥っています。ネットにも、賞味期限切れ鶏肉問題、異物混入、フランチャイズの増加等、多くの原因論が氾濫しています。その復活を願って考えたのがこのコンセプトです。

解説 Case 11

お題：苦境に立たされている
ファストフードチェーンを救え

【チェーン側のバイアス】
挽回に向けての取り組みを増やすほど、
顧客の理解が得られるよね

　現在苦境に立たされているファストフードチェーンがありますが、私にとって、そのチェーンは小学生の頃の夏休みの思い出につながる大切な存在です。

　朝、ラジオ体操に行くと、毎日1つずつスタンプを貰えたのですが、スタンプが一杯になると近所のこのチェーン店のキッチン内を見学できて、お土産にハンバーガーをもらえたのです。

CASE 11

　当時、私はこれがとても楽しみでした。35年以上経った今でもはっきりと覚えています。判官贔屓の性格も手伝って、このチェーンにはぜひ復活してほしいと願っています。

　さて、このファストフードチェーンをネットで検索してみると「オワコン（終わったコンテンツ）」「今さら、ヘルシーとか野菜とか言われても……」という書き込みが多いのに気づきます。

　苦境から脱出するために、このファストフードチェーンでは、安心安全を徹底したり、健康メニューを増やしたり、メニューに顧客の意見を取り入れたり、新しいセットをつくったりと、さまざまな取り組みを実施しています。
　そうした施策でブランドイメージを変え、ブランドバリューを上げようとしていますが、現実はむしろ逆効果になっています。

　すなわち、やればやるほど、「やって当然だよね」とか、「今さらですか」という印象を顧客に与えているように感じます。

　それでは、いったい何が起こっているのでしょうか。

それは、ファストフード側に**「挽回に向けた取り組みを増やせば増やすほど、顧客から変わろうと頑張っているなと評価される」**というバイアスの存在です。

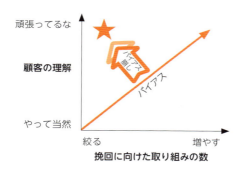

CASE 11

ここでバイアス崩しです。

挽回に向けた取り組みの数を
あえて絞ることによって、
しっかりと変わっていることをアピールし、
顧客に頑張っているなと理解してもらう

領域を狙います。

さて、取り組みを絞るという意味で、このファストフードチェーンの原点を考えてみました。

原点とは何でしょうか。

ファストフードといえば fast food。

そう「速さ」です。「速さ」こそが原点なのです。「速さ」に徹底的にこだわることで、原点回帰するのです。

【新結合】
ファストフードチェーン×立ち食いうどん

　一般的に立ち食いうどんの店は椅子がなく、キッチンとカウンターだけという簡単なつくりです。お客さんは長く滞在せずに、さっと食べて出ていく。余計なサービスを省き、とにかく回転数を上げるというビジネスモデルです。

　それに比べて、多くのファストフードチェーンでは、ファミリー層が利用したり、学生が勉強したり、サラリーマンがパソコンを広げたりと、低価格で長時間滞留する風景がよく見られます。

　それならば、スターバックスやモスバーガーのように値段を上げなければ、とても採算が取れません。しかし、そういう方向に進めば、fast foodの原点からますます遠ざかってしまいます。

　そこで、**首都圏のお店を中心に、キッチンとカウンターだけの店にします。**
　速さを追及するために、メニューもハンバーガーとポテトとドリンクのみに限定。

CASE 11

　これで、店舗維持と原材料にかかるコストを大幅に削減できます。代わりに、看板メニューのハンバーガーのパティやバンズ、ポテトはさらなる高品質化が可能となります。

　新鮮野菜の自由トッピングコーナーなど、女性に人気のサービスの展開もできるようになるでしょう。

　また、このファストフードチェーンは徹底した安心・安全の取り組みを行いホームページで公開していますが、メニューが多すぎて、残念ながらあまり消費者に認知されていません。
　しかし、メニューを絞り込めば、この取り組みの発信もより効果的になります。

end

Case 12 待ち時間を減らしてお店の売上げを増やせ

混雑時のファミレスに、顧客のイライラ度は上がるばかり。そんな顧客の不満を解消し、売上げを増やすにはどうしたらいいのでしょうか？

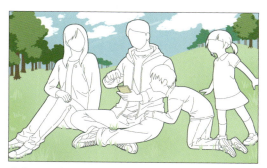

父「お腹が減ったから、お昼を食べにいこうか」
母「すぐ食べられるように、ネットで注文しておきましょう」

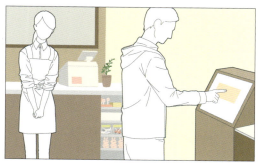

店員「いらっしゃいませ」
父　「ネットで予約した山田です」
店員「ありがとうございます。お手数ですが、そちらの端末に入力を
　　　お願い致します」

CASE 12

店員「お待たせいたしました」
父　「速い、もう来た」

店員「ご注文はお揃いでしょうか？」
父　「はい」
店員「おそれいりますが、暗唱番号を入力し、会計をお願いいたします」

> 週末でも、平日でも、ランチ時のファミレスはとても混んでいます。やっと来たかと思えば、料理は隣のテーブルに。こんな経験、皆さんもあるのではないでしょうか。思わず「一気に2人前つくればいいのに！」と突っ込みたくなって思いついたのが、このコンセプトです。

解説 Case 12

お題：待ち時間を減らして
　　　お店の売上げを増やせ

【お店のバイアス】
お店でのコミュニケーション量が多いほど、
顧客満足度が上がるよね

　私は、ファミレスが好きで結構利用するのですが、昼時や夕飯時の混雑にはややうんざりしています。入り口には、必ず、名前と人数を書くシートが置いてあり、待たせることがシステム化されているので、お店側の感覚がマヒしているのではないかと思うこともあります。
　当然ですが、待たせている間は売上げになりません。あえて行列をつくらせてアピールする業態ならまだしも、ファミレス

CASE 12

で多くのお客さんが並んでいるのを見れば、入店を諦めてしまうお客さんもいるのではないでしょうか。これでは、単純に機会損失です。

お客さんのほうもただイライラして待つのみなので、双方にとっていいことなしです。

どうしてこうなるのでしょうか。

そこで、お店側のバイアスを考えてみました。おそらく、ファミレスでは**「お店でのコミュニケーションが多ければ多いほど、顧客満足度が上がる」**と考えているのではないでしょうか。

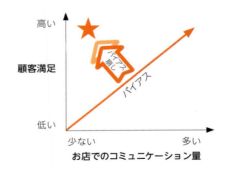

バイアスが特定できたら、バイアス崩しです。今回はファミレスといえども、あえて、

お店でのコミュニケーション量を少なくし、顧客満足度を上げる

という領域を狙います。

　次に新結合ですが、ここでは**「ファミレス」×「お持ち帰り寿司のネット注文サービス」**で挑戦してみました。

CASE 12

【新結合】
ファミレス×お持ち帰り寿司のネット注文サービス

　お寿司の持ち帰りサービスはネットで注文できるので、予約した時間に行って持ち帰るだけと、大変便利です。支払いもネットで済んでいるので、待つことなく、家でゆっくりと食べられます。
　一方、ファミレスの場合、一部のチェーン店で同様のサービスを提供しているものの、注文できるメニューが限られている等、お寿司の持ち帰りサービスほど浸透していません。

　では、ファミレスにお持ち帰り寿司のネット注文サービスを新結合すると、どのようなサービスになるでしょうか。ちょっとイメージしてみましょう。

　まず、お店に行く前にスマホで注文します。このとき、来店時間を指定し、予約もすませてしまいます。

　お店に着いたら、専用端末に予約番号を入力します。この時点で、キッチンに注文が入り、調理が始まります。そうすれば、料理が出てくるまでの時間を大幅に短縮できます。

　支払いは、配膳の際に行います。料理がすべて運ばれた時点で、お店の携帯端末に暗証番号を入力するのです。これで、食べ終わったあとも、レジで待つことなくスムーズに帰れます。

もちろん、このようなサービスではファミレスのサービスの質が落ちると不安になる人もいるでしょう。でも、本当に落ちるでしょうか？

　ファミレスは、カウンター越しに粋な会話を大将と楽しむ寿司屋とは違います。むしろ、混んでいるときなどは、呼び出しボタンを押してもすぐには来てくれず、ボタンが壊れているのではないかと不安になってしまうことすらあります。

　また、こういうときに限って、お店の人も忙しそうに動き回っていて、「すみません」と呼ぶのも何だか気が引けてしまいます。

　とはいえ、どうしても、このサービスに馴染めない人もいるでしょう。その場合は、これまで通り、お店で注文すればいいのです。

CASE 12

　お店にとっては、ものすごくメリットがあります。多くのお客さんがこのサービスを利用してくれれば、ホールスタッフの作業が減るので、配膳や片付けにより専念できます。

　お客さんも、お店で選ぶ場合には「急いで注文しないと！」という意識が強くなりますが、ネットでの事前注文ならじっくりとメニューを見て、時間をかけて考えることができます。

　このお客さんの行動をうまく利用すれば、新商品やオススメの品をしっかりとアピールすることができるでしょう。

　また、この方法はネットを使うので、**ポイントシステム等のサービスとの相性も抜群ですし、英語のページを用意すれば外国人観光客の利用も期待できます。**

　そうなれば、外国語のコミュニケーションによるお店でのトラブルも減らせるのではないでしょうか。　end

Case 13 忙しい共働き夫婦のコミュニケーションを活性化せよ

すれ違いを起こしやすい共働き夫婦。そんな彼らのコミュニケーションを活性化させるサービスを考えてみましょう。

妻「へぇー！ 私の気持ちやコンディションを家族に伝えるサービスだって。なんだか面白そう」

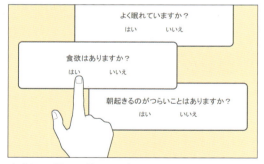

妻「短い質問に答えるだけでいいのね」

CASE 13

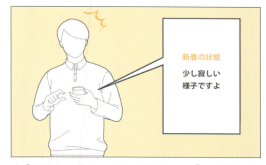

夫「そうか、寂しいのか。確かに、ずっと忙しくて帰るのが遅いし、週末も仕事かゴルフが入っていたからな。そう思うと、最近元気がなかったかもなぁー」

妻「お皿まで洗ってくれてありがとう。悪いわね」
夫「久しぶりに早く帰れたからね。今日はゆっくり、くつろいでいて」

自分のコンディションは、夫婦や親子が一番わかってると思うものです。しかし、第三者のほうが冷静に判断してくれることもあります。

解説 Case 13

お題：忙しい共働き夫婦の
　　　　コミュニケーションを活性化せよ

【世の中のバイアス】
家族など関係が近いほど、相手の気持ちをしっかりと理解している

　内閣府によると、2001年に951万世帯であった共働き世帯は2014年には1,077万世帯と、100万世帯以上も増加しています。国も女性の活躍を推進しているので、今後も共働き世帯は増えていくと考えられます。

　このように、女性が活躍できる社会になっていくことは喜ばしいことですが、そうなると別の課題も出てきます。それは、夫婦間のコミュニケーションの減少です。

CASE 13

　夫婦で仕事をし、家事を分担するわけですから、当然忙しくなります。そうすると、コミュニケーションもついつい疎かになってしまうかもしれません。そこで、女性の活躍を支援するためにも、何か効果的な夫婦間のコミュニケーションツールができないかを考えてみました。

　まずはバイアスです。夫婦間には、どのようなバイアスがあるでしょうか。

　世の中では一般的に、**「お互いの関係性が近いほど、当然のこととして相手の気持ちを理解している」**というシンプルなバイアスが存在します。

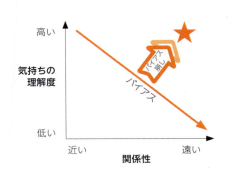

特に、夫婦や親子間では関係が近すぎて、相手の気持ちを理解しているつもりになっていることが多いのではないでしょうか。

　たとえば、毎日顔をあわせる家族からは何も言われないのに、たまに会う人には「ちょっと、やつれた？」とか、「顔色悪いよ」などと言われることがあります。
　このように、毎日顔をあわせる家族ほど気づいていないということがあったりします。

　そうすると、

関係が遠いほど、
相手の気持ちを理解している

　というバイアスを崩した領域で、面白いコンセプトが生まれます。

CASE 13

【新結合】
家族のコミュニケーション×第三者

　この新結合によって、たとえば **コンディションを簡単にチェックするアプリを使って、その人がどのような状態にあるのかを本人と家族に知らせるというサービス** が考えられます。

　使い方は、コンディションに関する質問に日々答えるだけ。すると、回答結果からそのユーザーのコンディションを解析し、診断結果を本人と登録した家族に連絡します。
　おそらく、妻から夫、夫から妻、子どもから親といったパターンになるでしょう。

　メリットは、家族だから言わずもがなですまし、気づかなかったことを、第三者のアプリが伝えてくれることです。

　直接、家族から言われるよりも、スマホという第三者的な存在から言われるほうが、意外にも真摯に受け止められそうな気がします。

ポイントは
「毎日続けられるように質問項目をシンプルにすること」

　継続することが重要なので、**毎日続けられるように、できるだけ質問項目はシンプル** にします。

　一方で、コミュニケーションのきっかけになればいいだけなので、診断の精度はさほど要求されませんし、お互いの記念日等を登録しておくと、忙しくてもうっかりということがなくなります。

　さらに、このサービスは、血圧、心拍数、歩数等のライフログとの連携の相性も高いということも忘れてはなりません。

end

CASE 13

Case 14 企業経営者の視野を広げる講習を企画せよ

日々、重要な判断を下す企業経営者。彼らの意思決定を手助けするサービスを考えてみましょう。

専務「この未来予測の本は、とても面白い。共感できる考え方だ」

専務「この本は素晴らしい。ぜひ、この著者の話を聞いてみたいのだが、手配してくれるかね？」
部下「かしこまりました。至急手配いたします」

CASE 14

部下「専務、オブジェクションというサービスをご存じでしょうか？ 指定した著作とは異なる立場の著者の講演を紹介するサービスです」
専務「ほう。そんなサービスがあるのか！ ヨシ、反対の意見を聞くことは大切だから、そちらのほうの手配も併せて頼むよ」

専務「なるほど！ 一理あるな。反対の考え方を聞くことで、多くの気づきが得られたぞ」

> ブックマークしたブログの記事を見ていて、あることに気づきました。それは、自分の考えと近い、共感できる記事ばかりが集まっていたということです。

解説 Case 14

お題：企業経営者の視野を広げる講習を企画せよ

【企業経営者のバイアス】
共感度の高いコンテンツほど、学びがある

　企業を経営するうえで、情報はとても重要です。特に、社長や事業部長のような最終意思決定者は、自分の判断しだいでは会社や事業が傾くこともあることから大変な重責を担っています。

　そのせいか、企業の経営者は意思決定の参考になるような情報の収集に非常に熱心です。当然、本を読む人もたくさんいます。

CASE 14

　このコンセプトは、このような企業経営者のバイアスって何だろうと考えたことをきっかけに生まれました。このバイアスを崩せば、企業経営者に役立つサービスが生まれるのではないかと思ったのです。

　読書が好きな企業経営者は多いですが、彼らには**「読んでいる本に対する共感度が高いほど、学ぶことが多い」**というバイアスがあります。

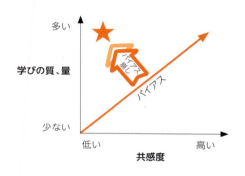

このバイアスを崩すと、

共感度の低い本のほうが、学びが多い

という領域が生まれます。

そして、この領域で思いついた新結合が **「講演」×「パブリックコメント」** です。

CASE 14

【新結合】
講演×パブリックコメント

　ビジネス書の著者の多くは、積極的に講演やセミナーをしています。これは、その著者のビジネス書を読んで強く共感した読者の中に、講演等で著者の話を直接聞いてみたいという人がいるからです。

　もちろん、これはこれで大いに意義があります。ですが、このコンセプトは **反対の考え方や意見を持つ人の話のほうが、学びが多い** という考え方に基づいています。

　ここでパブリックコメントの登場です。

　パブリックコメントとは、地方自治体などが政策や制度を決める際に市民の意見を幅広く聴取することにより、総合的な判断をし、よりよい行政を目指すための取り組みです。

　広い視野、幅広い見識に基づいた総合的な判断を必要とする企業経営者だからこそ、パブリックコメントのように共感できる意見も、その反対の意見も必要となります。

　自分とは反対の考え方を聞くことのできるサービスを提供するというコンセプトは、こうしてできあがりました。

第6章
組織づくり

加速する企業の短命化

　ここまでの章でひらめきの作法について紹介してきましたが、現実問題として、企業活動の中で個々人がイノベーションをもたらす事業に挑むには、まだ高いハードルがあります。

　これは、たとえ発想力を磨き、面白いアイデアを考え出せるようになったとしても、です。

　そう思ってしまうのは、**組織にはさまざまな壁が存在する**からです。個々人が身につけた発想力を存分に発揮するには、組織面でも一工夫必要なのです。

　そこで、この章では、少し大きな視点で「仕組み」というものを考えてみたいと思います。

　そもそも、なぜ、これほど企業でイノベーションが注目されているのでしょうか。その答えは単純明快で、生き残るためです。

　よく企業の寿命が短くなったという記事を見かけますが、事実、次世代に生き残れるのはイノベーションに成功した企業のみです。

　とはいうものの、この話、今に始まったことではありません。昔も今も変わらず、常に新しい商品、新しいサービスを提供する企業だけが生き残れるのです。

具体的な例を挙げましょう。たとえば、製紙会社として創業したフィンランドの**ノキア**は、その後、世界一の携帯電話端末会社となりました。しかし、この事業が不振になってくると携帯電話端末事業を売却し、現在は通信インフラの設備とソフトウェア開発の会社へと変身しています。

　創業100年を超す**ブラザー工業**も、元はミシンメーカーとしてスタートしました。それが現在では、北米で高いシェアを誇る印刷複合機のグローバル・カンパニーへと変貌を遂げています。

　インターネットによって情報が瞬時に拡散し、共有化される現在のビジネス環境において、イノベーションによる変化のサイクルは短くなっています。

　現在の企業経営では、イノベーションの重要性がより増しているのです。

イノベーションを起こせる3つの企業タイプ

　私は、もともと研究者としてキャリアを歩み始めました。あるとき、そのキャリアに大きな転機が訪れました。当時、勤務していた会社でイノベーションを推進することになり、社内にイノベーションの専門組織ができたのです。そして、私がそのリーダーを務めることになりました。

　それを機に、イノベーションについて理解を深めようと、業種を問わずさまざまな企業を訪ねては、どのようにイノベーションを生み出しているかを尋ねました。

　その経験を通じて、イノベーションを起こせる企業は大きく「イノベーター集団組織」「トップダウン型組織」「仕組み内蔵型組織」の3つのタイプに分かれることに気づきました。

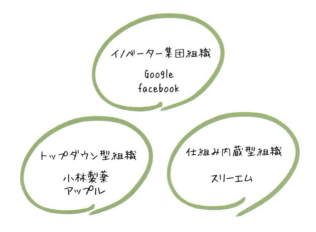

イノベーター集団組織

1つ目のタイプは、イノベーター集団で構成されている企業です。Googleやfacebookなどが、まさにこのタイプです。

一昨年、facebookのキャンパス（本社）を訪れる機会があったのですが、そこにはショッピングモールみたいな食堂街や自由に飲める飲料のケースなどがあり、日本企業ではまず見かけることのない風景が広がっていました。

こうした場所には、自由な雰囲気で新しいことに挑戦できることに魅力を感じる人が集まってきますし、そういう雰囲気がなくなればすぐに辞めてしまいます。
そもそも、昔ながらの日本企業とは構成しているメンバーがまったく異なります。

最近、日本企業の中でも、アメリカ西海岸やスタートアップ系のやり方をそのままコピーしようと試みている企業がありますが、それで成功したという話はあまり聞きません。それは、おそらく構成メンバーが違うからでしょう。

その一方で、日本企業であっても、まっさらなスタートアップ企業であれば、facebookと同じことをやっても違和感はありません。
また、そういう企業には自由な雰囲気で新しいことをやりたい人たちが集まってくるので、好循環に入ることもできます。

トップダウン型組織

2つ目のタイプは、トップダウン型の意思決定ができる企業です。特に、創業家や創業者が強いリーダーシップを発揮しているケースが当てはまります。

イノベーションを起こす場合には、強い想いを持った人が「これをやる」と決め、「絶対にやり遂げるんだ！」という強い決意と覚悟をもって、周囲の人たちを引っ張っていくことが重要となります。

今までにないものをやろうとするのですから、そもそものハードルが高いのです。強いリーダーシップがなければ、些細なことでつまずき、障害を乗り越えることなどできません。

こうしたタイプの企業として頭に浮かんでくるのが、**小林製薬**です。「熱さまシート」や「のどぬ〜る」など、ユニークな商品を次々と打ち出す小林製薬は、社員全員がアイデアを考え出すことで有名です。

ただし、それを可能にしているのは、出てきたアイデアを実際に商品化するかしないかを明確に決める「人」がいて、議論する「場」があるからです。

毎月開催するアイデア会議で、役員が「これはやらないけれど、こちらはやる」と言った瞬間に、「これをやるしかない」という状況が生み出され、みんなが真剣に取り組むようになるのです。

イノベーションを起こせる３つの企業タイプ

　なお、このタイプで最も有名なのは、何といっても**アップル**のスティーブ・ジョブズでしょう。

　もちろん、トップダウンも強すぎれば弊害もあります。しかし、イノベーションの取り組みを確実に前進させるうえでトップダウンが効果的なことは確かです。

仕組み内蔵型の組織

　最後は、イノベーションが仕組み化されている企業です。このタイプの企業は、放っておいてもイノベーションが生まれる流れを内部に持っています。

　これまで見てきた企業の中で、一番うまくこうした仕組みを実践しているのが**スリーエム**です。同社は、創業から何十年もかけてイノベーションが生まれる仕組みをつくってきました。

　スリーエムを訪れたときに何人かと話をする機会があったのですが、誰に聞いてもブレない答えが返ってきて間違いないと感じたのが、有名な15％ルールです。
　15％ルールとは、絶対にやらなくてはならないことを除いて、業務時間の15％を自分の興味がある研究をやる権利があるというルールのことです。

　また、情報の共有も徹底しています。45の技術基盤の情報にエンジニアが自由にアクセスできるテクノロジープラットフォームや、社内にアイデアを自由に発信するテクニカルフォーラムなど、情報を共有し、イノベーションを生み出す仕組みがしっかりと組み込まれています。
　スリーエムでは、情報を占有するのは悪であるという価値観が浸透しているのだそうです。

　情報の共有は社内に留まりません。カスタマーテクニカルセンターでは、スリーエムの保有する技術を顧客に紹介するなど、積極的に顧客とのコミュニケーションを図っています。ここで顧客のニーズを理解し、商品開発に繋げるのです。

イノベーションを起こせる3つの企業タイプ

　企業は、上場した瞬間に株主に配慮しなくてはなりません。
　スリーエムのすごいところは、売上げに占める新商品（過去5年以内に発売した商品）の割合をモニタリングし、KPI（重要業績指標）化している点です。
　売上げに対する新商品構成比をマーケットに約束することで、全社を挙げて絶対に新しいものを生み出さなくてはならない状況をつくり出すというわけです。そうなれば、みんなで必死になって取り組まざるをえないでしょう。

　ここからわかるように、イノベーションを生み出すには、それが必然となるような仕組みづくりが欠かせません。

　老舗の日本企業の多くは、1つ目のタイプでも、2つ目のタイプでもないはずです。したがって、3つ目のタイプの仕組み化を模索していかない限り、イノベーションがうまく起こらないという悩みが解消されることはないような気がします。

ひらめく力を育むイノベーション・エコシステム

　3つ目のタイプのような組織にするには、放置しても自然に新しいものが次々と生まれるような

イノベーション・エコシステム

　を整備する必要があります。

　企業はとかく、「斬新なものをひらめく力がない」「研究開発が弱い」というように、課題だと思っているどこか1点のみに目がいきがちです。しかし、1つの課題のみを補強しても、組織として新しいものを生み出せるようになるわけではありません。

　あくまでも、研究から市場導入まで、スムーズに流れていく全体的な仕組みが必要です。

　たとえばメーカーの場合、通常、基盤研究や応用研究を経て開発工程に入り、市場に導入されるという流れをとります。ここでいう開発工程とは、いわゆる商品開発だけでなく、流通チャネル開発やネーミング開発なども含めた広義のものを指します。

　この開発工程でプロセスを管理していくときにポイントとなるのが、研究フェーズから開発フェーズへのコネクション部分です。

ここで新結合を発想してコンセプトをつくるわけですが、その際に **どのような新結合をつくるか** がチェックポイントの１つ目となります。

　新結合の組み合わせは、新技術と新技術、新技術と既存技術、既存技術と既存技術の３つのパターンが考えられますが、新技術だけで開発をするのは難易度が高くなります。

　そうなると、新技術と既存技術、あるいは既存技術どうしの組み合わせということになります。もちろん、既存技術の組み合わせでも、有望なコンセプトが生まれることもあります。
　しかし、私の経験から言えば、新技術があったほうがより有利になるのは間違いありません。

　チェックポイントは、もう１つあります。それは、それぞれのステップにおいて、**誰が何の基準に基づいて決めるのかという意思決定のルールを整備する** ことです。

　いくら研究開発や発想法の部分に力を入れても、意思決定の仕組みが整備されていなければ、新しいものは生まれません。

　同じく、経営サイドや企画サイドがどれほど洗練された意思決定メカニズムを持っていても、研究開発で生まれたシーズを新結合させてコンセプトを創れなければ、イノベーションを生み出すことはできません。

時間をかけるプロセス、かけてはいけないプロセス

このイノベーション・エコシステムのことを、私は

$Γ$ **(ガンマ) モデル** と呼んでいます。

Γという文字の形のように、研究フェーズからコンセプトづくりのプロセスに入るところで折れ曲がっていますが、これはスピード感の違いを表しています。

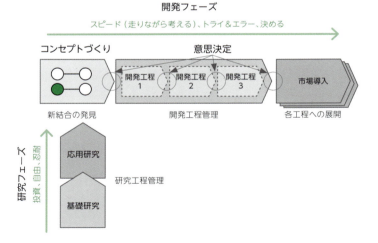

研究フェーズで必要なことは、時間やコスト面で十分な投資をすることです。研究所に自由度を持たせて、**意思決定者や経営陣は研究成果が出てくるのを辛抱強く待ちます**。
　今日、研究を始めて、来月には成果を出せと言われても、絶対に無理です。このフェーズで早急な成果を求めれば、お金をかけるだけ無駄になります。

　以前、私が「気になるにおいを抑えたタバコ」を開発したときには、市場投入を果たすまでに足掛け5年かかりました。たばこの成分は数千にも及びます。その中から、嫌なにおいを見つけ出し、それを効果的に抑えるフレーバーをゼロから設計していくのは本当に大変でした。

　しかも、初期のパイロット品は酷評を浴びましたから、なおさらです。それでも、マーケティング担当役員は「何年でも待つから絶対実現してくれ」と声をかけてくれました。そうした忍耐強さがなければ、せっかく素晴らしいアイデアが生まれたとしても、商品化や事業化にはつながりません。

　このように、研究フェーズにはある程度じっくりと取り組む必要がありますが、角を曲がってその先の**開発フェーズに進んだら、トップギアに切り替えます**。

　考えながら走る、走りながら考えるというように、トライ＆エラーを重ねてスピーディーに前進しない限り、昨今のビジネスシーンにはとてもついていけないでしょう。

時間をかけるプロセス、かけてはいけないプロセス

　シリコンバレーでは、年間 8,000 社がスタートアップして、生き残るのは 1,000 社に 3 社くらいだと言われています。

　それくらいのスピード感で、新しいアイデアを次々と世の中に問い、勝敗が決まっていく世界です。そういうライバルたちがいる中で、以前のようにのんびりと構えていれば、すぐに置き去りにされてしまいます。

　この Γ モデルで私が伝えたいのは、**意思決定者は加速すべきところと、加速すると投資そのものが無意味になる部分とを、強く意識しなくてはならない** ということです。

　短期間でとにかく商品につながるモノを出せと迫れば、研究開発の現場は疲弊していきます。そういうスピード感は後半部分で行うべきであり、頭を切り替えることが大事です。

第7章
コミュニケーション

意思決定が難しくなる理由

　前章で、新しいものを生み出すための仕組みを機能させるには、意思決定がポイントになるという話をしました。ところが、これは口で言うほど簡単なことではありません。

　波頭亮さんと冨山和彦さんは、共著書『プロフェッショナルコンサルティング』（東洋経済新報社、2011年）の中で、「不確実性が高まり、言うなれば霧がかかって『関が原は真っ白』な状況の中で、経営者は肌感覚を頼りに、手探りで意思決定をしなくてはならない」と言っています。

　今、比較的うまくいっている会社というのは、その多くがワンマンに近い意思決定メカニズムを持っています。
　なぜなら、ボトムアップで集団のコンセンサスを取る手続きを踏んだり、意思決定に関わる人数が多かったりするほど、「内容も丸くなって、稚拙になるし、スピードも遅く」なり、結果的に最悪の意思決定になってしまうからです。

　現在のようなビジネス環境では、遅くてダメな意思決定か、早くて正しい意思決定のどちらかに二極化していくと、波頭さんらは述べています。

しかし、イノベーションに携わってきた経験を振り返ってみると、なかなかスピーディーに意思決定できないというのが現実です。これはなぜでしょうか。

　もしかしたら、意思決定者にそういう能力が不足しているのではないかと考えていた時期もありました。
　しかし、経営層のメンバーを見ると、非常に優秀な人たちが揃っています。また、社内で実績を積んできたからこそ、経営層にまで昇進しているのであって、決して能力不足なわけではありません。
　そういう精鋭が揃っているにもかかわらず、意思決定ができない。その背景には、もっと根源的な課題がありそうです。

　濱口さんは、自身のイノベーションっぽく見えるものの特徴から、この理由をわかりやすく解説しています。

> **イノベーションっぽく見えるものの特徴**
> 　①実現可能である
> 　②新しい（見たことも、聞いたこともない）
> 　③好き嫌いが分かれる

ここで、イノベーションっぽく見える3つの特徴のうち2番目の**新しさがこの問題を引き起こしている**と、濱口さんは言います。

　経営陣は通常、自分たちの知識や過去の経験を拠り所に意思決定しますが、これまでに見たことも聞いたこともない、好き嫌いが分かれるような新しいアイデアの評価はそうそう経験するものではありません。

　つまり、過去に再現性がないので、判断材料とならないのです。

　私自身、部下が新しいプランを提案してきたときに、自分の脳みそライブラリーを探って、過去にやってきたことと比べてうまくいきそうかどうか、リスクはどこにあるかと、必死に考えたものです。

　しかし、新しくてユニークなものほど、そうしたライブラリー・サーチで対応することはできませんでした。
　そして、そういう状況でGOサインを出すか否かを決めることは、とてつもなく難しいことです。これは、私が経営層の近くで仕事をしてみて、初めて実感したことです。

意思決定が難しくなる理由

意思決定の4つのカギ

 再現性が効かず、手探り状態であっても、意思決定は必要です。それでは、どのようにして意思決定をするのでしょうか?

 師匠の濱口さんに聞いてみたところ、次の4点を挙げてくれました。

> 「新しい」に対する意思決定の4つのカギ
> ①不確実性を受け入れること
> ②戦略フローの撤退ポイント、撤退条件を明確にすること
> ③予算をバルクで決めておくこと
> ④数字を使わず、とにかくロジック構成を明確にすること

 確かに、意思決定者は、不確実であっても取り扱わざるをえません。ですから、それを受け入れるのだという**心構え**は必須となります。

 また、お金と時間を無尽蔵につぎ込まないようにすることも重要です。そのためには、ここまでやってうまくいかなかったらやめる、というように、**チェックポイントを決めておく**必要もあります。

 3点目の**予算をバルクで決めておく**やり方も有効な手立てです。たとえば、ポートフォリオを組んで、ここは新しいものに投資する枠とし、リターンは大きいかもしれないけれど最悪の場合はゼロになることもあるリスクマネー、ここは既存事業への手堅い投資として安全マネーを確保しておく、というように予算配分を決めておくのです。

　企業によってはそれが 1,000 万円になったり、何百億円になったりするかもしれません。

　最後の数字を使わないで、ロジック構成を明確にするというアドバイスを聞いたときには、まさに目から鱗が落ちる思いがしました。なぜなら、数字を使うと、どうしても数字の話に終始しがちになるからです。

　たとえば、新商品企画の際に、提案者側は GO サインが欲しいので、お客様調査などで出た購入意向が○％という数字を説得材料に使おうとします。
　しかし意思決定者は、その数字を見たとたんに、その○％というのは本当か、そこからくる売上げや利益の見込みは本当かと言い出します。
　しまいには、調査設計の妥当性についての議論になってしまうことさえあります。そうなると、いったん持ち帰りとなり、調査設計をやり直して、再び調査にかけることになりますが、このパターンに陥ると、時間もお金もかかるばかりで、なかなか先に進みません。

　世の中のどこにもないモノを出す以上、厳密な数字を議論してもまったく意味はありません。ここですべきなのは、やるかやらないかの議論なのです。

イノベーションの5つ目のカギ

　ここでは、これまで紹介した4つのカギに加えて、もう1つのポイントを紹介します。

　これまでの体験を通して、イノベーションの意思決定において最も重要な要素は

コミュニケーション

ではないかと、私は思っています。具体的に言えば、企画サイドと意思決定サイドの間で適切なコミュニケーションが取れているかどうかです。

　そもそも、企画サイドと意思決定サイドとでは、考えていることも、気にしていることも異なります。

　通常、企画サイドは、**面白いか面白くないか**という軸で考えます。その際、頼りにする指標はお客様調査などの調査結果です。つまり、見ている対象はもっぱらお客様や消費者です。

　対して意思決定サイドは、**儲かるか儲からないか**という軸で考えます。用いる指標も、株価や市場に約束している成長ができるかどうかです。
　なお、こうした指標を用いるのは、それらの指標が経営者自身の通信簿になるからです。したがって、見ている対象は株主であり、特に機関投資家がどう捉えているかを重視します。

考える軸も、見ている対象も違うのですから、すれ違いが生じるのは当たり前です。

　たとえば、企画サイドは「こんなに面白い商品なんです！」と言いたがりますが、意思決定サイドからすれば、そこにはあまり力点がありません。

　それよりも、その企画を実現するにはどの程度の投資が必要で、どのくらいのリターンが見込まれるかという部分を知りたいと思っています。

　同じように、技術サイドも「この新技術をこの商品に盛り込めば、これだけのメリットがある」と、細かな技術内容を説明したがりますが、意思決定サイドは技術そのものを知りたいわけではありません。

　彼らは、その技術を使って何を実現し、それでどれだけ儲かるかということを端的に教えてほしいのです。

こうしたズレが実際に存在していたとしても、既存事業とか基幹事業であれば、一定の枠組みの中で物事が起こるので、お互いの会話は成立します。

　それは、既存事業ならば互いのイメージが共有されているからです。イメージが共有できていますから、意思決定サイドが考えていることや狙いたい方向性も、企画サイドは何となく察することができます。

　意思決定サイドも「あいつは研究者だから、そういうことを言うけれど、確かに一理あるな」と、理解を示してくれます。

　いうなれば、企画サイド、意思決定サイドそれぞれの方言はあっても、**共通言語が存在する**ということです。これは、東京の人でも、関西人が話す大阪弁を理解できるのと同じです。

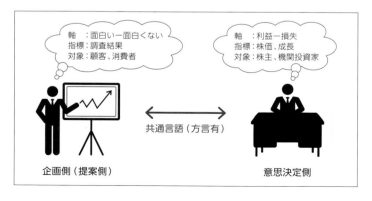

イノベーションの5つ目のカギ

ところが、新規事業やイノベーティブな商品となると、互いに見ている領域が大きく違います。

となれば、必然的に非言語状態に陥ります。「そんなバカな」と思われるかもしれませんが、このようなことはさほど珍しいことではありません。

たとえば、食品会社で航空宇宙事業をやると技術者が言い出したとします。食品工場でクッキーを焼成するときの技術を使えば、ロケットエンジンまで開発できるはずで、技術的につながりがある。技術者がそう主張したとしても、おそらく意思決定サイドはGOサインを出さないはずです。

それは、株主に航空宇宙事業への進出をどう説明すればいいのか、投資の合理性を説明できるのかなど、技術者とはまったく異なることを意思決定サイドは考えているからです。

さすがにここまで方言が異なると、ほとんど外国語のようなものでしょう。**すでに共通言語とはいえません**。

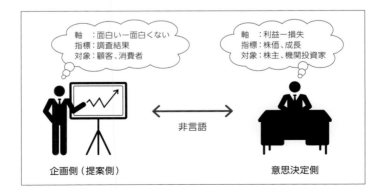

共通領域を見極めよ

　対立構造を解消し、共通言語をつくり出すには、企画サイドで検討している領域と、意思決定サイドがこの辺りを狙いたいと思っている領域との接点、つまり

両サイドの共通領域が
どこにあるかを見極める

ことです。

　なお、経営者のやりたいことが明確であるなら、こうした問題が生じることはありません。ヒト・モノ・カネを配置して、ただちに事業化します。

　しかし、漠然と何か新しいことに取り組むような場合、どちらも自分が何を求めているのかわかっていないので、なかなかこの共通領域を見つけることができません。
　結果、多くの企業が共通領域がないままに検討や作業を進めてしまうという、ありがちな残念なパターンに陥ってしまうのです。

　実は、明確ではないものの、意思決定サイドにはこの辺りがいいというイメージがぼんやりとあるものです。ですが、それは企画サイドで「これをやりたい！」と盛り上がっている内容とは、必ずしも重なっていません。

　そのため、そのまま提案しても、意思決定サイドが認めるわけにはいかないのです。

また、トップが何を求めているかを暗中模索の中で考え、この辺りかなと当たりをつけたとしても、同じことです。
　最悪の場合、ダイレクトにダメとも違うとも言われず、何となく引き延ばされて、やらないで終わってしまうということになってしまいます。

　実はこうしたことはよくあることです。

　これも、**企画サイドと意思決定サイドとで、共通領域を認識せず、共通言語も持っていないことが原因**です。

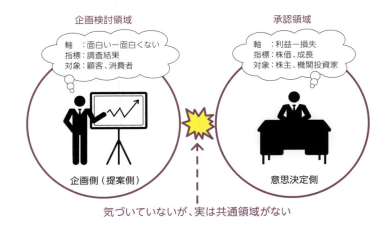

高頻度のコミュニケーションを取る

この問題を回避するには、

企画サイドから意思決定サイドに頻繁にパスを出す

ことです。

このアイデアはどうかと意思決定サイドに投げ、「それは、あまりピンとこないな」と拾ってもらえなかったり、「これは、いいかもしれないね」と拾ってもらったりする。

こうしたキャッチボールを繰り返しながら、意思決定サイドの反応を探っていきます。

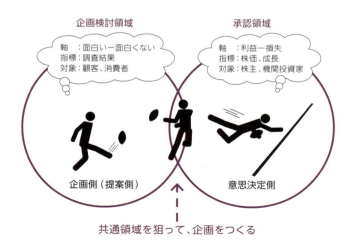

高頻度のコミュニケーションが続けば、企画サイドも共通領域がどの辺りにあるのか、少しずつわかってきます。そうすれば、共通領域にパスを出せるようになり、前に進んでいけるようになります。

　私が率いたイノベーション組織では、意思決定をシンプルにするために、事業部長に直接提案するようにしていました。

　企画サイドが新商品とか新サービスのコンセプトを考え、3カ月に1回提案するのですが、直接の上司である中間管理職を経由すると尖ったアイデアも丸くなってしまいます。そこで、そこを中抜きにして、いきなり事業部長にアイデアを投げ、やるかやらないかを決めてもらったのです。

　しかし、最初のうち、この仕組みでもなかなか上手くいきませんでした。
　企画サイドは「何でもいいから、新しいものを出してくれ」と言われているので、全方位的に考えます。しかし、事業部長からすれば何でもいいわけではありません。実際には受け入れられるものと、受け入れられないものがあります。

　それでも、企画サイドから具体的なアイデアを次々に投げかけられ判断していくうちに、事業部長自身、自分がどの領域に賭けてみたいのかが明確になってきます。
　そうなれば、しめたものです。企画サイドもその領域めがけて重点的に企画案を出すようになり、円滑に回るようになります。

思いやりは逆効果

 ところが世間一般を見渡すと、この真逆のことをやっていたりします。

 たとえば、既存事業であれば、月次、週次、下手をすれば日次で報告を出させるのに、新規案件となったとたんに「彼に任せているから、まとまったところで提案してもらおう」と、頻繁な報告を求めなくなってしまうのです。

 実際には、安定している既存事業こそ、それほど頻繁に状況を聞かなくても問題なく回っていくはずですし、新規案件ほど途中経過を把握しておかなければ、問題があったときに素早く対応できません。
 そして、新規案件では、たいていが何らかのトラブルを引き起こします。

 それにもかかわらず、新規案件の多くが途中報告をせずに、一発勝負をしています。結果、意思決定者から「それはどうも違うな」と、はねられてしまうのです。

 こうなってしまう原因の１つに、「新しいことは若い人たちに任せて自由にやらせたほうがいい」という意思決定サイドの思いやりがあります。

 われわれ旧世代の、型にはまった人間は口出ししてはいけない。そう、意思決定サイドは思い込んでいるのです。

彼らはよかれと思い、そういう管理をしているのですが、実際には逆効果でしかなく、現場を苦しめています。

　では、どうすればいいのでしょうか。
　当然ですが、意思決定サイドがああしろ、こうしろと命じて、企画サイドに任せた権限に介入するのはNGです。

　ですが、**企画サイドが考えていることや、やろうとしていることに対して自分の意見を伝える必要はあります**。これは、意思決定者の責任です。

　こうしたコミュニケーションは、新しいものであるほど必要となります。それは、どの領域を本当に求めているのか、自分自身でも気づいていないからです。ですから、コミュニケーションを密にして、互いに共通領域を描く必要があるのです。

　一方、企画サイドも、自分たちは完璧で何でもわかっていると驕ってはいけません。**相手の状況を理解し、相手に通じる共通言語を探していく。**

　これは、自分の発想力を活かして商品化や事業化をするうえでとても大切なことです。

第 **8** 章

イノベーションHUB人材を育成する

Γ（ガンマ）モデルが機能不全に陥る理由

　企画サイドと意思決定者のコミュニケーションが密になったとしても、イノベーションはまだ生まれません。それは、まったく新しいコンセプトの新商品をつくると意思決定がなされたとしても、その先のプロセスで滞留したり、止まってしまったりすることが多いからです。

　第6章で紹介したΓ（ガンマ）モデルで言えば、コンセプトが提案され、それを実行するという意思決定後の開発フェーズで、「できない理由」や「やらなくていい理由」が発生するのです。

　イノベーティブな新しいコンセプトを考えることに比べて、「できない理由」や「やらなくていい理由」を考えるのは簡単です。ですから、**「できない理由」や「やらなくていい理由」は竹の子のようにポコポコと生まれてきます。**

　この状況でプロジェクトを進めるには、「できない理由」や「やらなくていい理由」を克服しなければなりません。

　そうなると、コンセプトを企画したメンバーは、プロジェクトとはまったく関係のないことで消耗していきます。

結果、企画サイドは新しいコンセプトをつくるためのエネルギーを削がれ、意思決定済みのコンセプトも進まなくなります。つまり文字通り、停滞してしまうのです。

　さらに悪いことに、この状況を見た上流の研究フェーズ部隊のメンバーが「この仕組みは上手くいかないのでは？」と感じ、このプロセスに提案することを躊躇するようになります。

　こうなると、イノベーションが次から次へと生まれるはずの**Γ（ガンマ）モデルは機能不全に陥ってしまいます。**

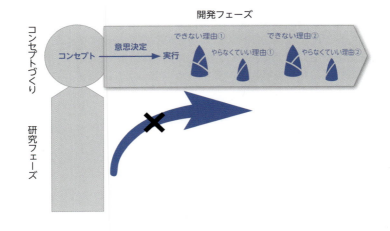

「イノベーションHUB人材」という考え方

　それでは、どうすればよいのでしょうか？

　ここで、**イノベーションHUB人材**という考え方が登場します。HUBとは、さまざまな役割や機能を1カ所に集約するポイントのことです。
　たとえば、ネットワークケーブルを集積するものもHUBと呼ばれますし、地方空港どうしを結ぶ拠点空港もHUB空港と呼ばれます。

　Γ（ガンマ）モデルにおけるHUBとは、各部署で生じるさまざまな課題を各部署のHUB人材に集積して対応するという機能を指します。
　各部署のHUB人材がそれぞれ協力し合ってΓ（ガンマ）モデルを機能させ、「できない理由」と「やらなくていい理由」に対処するということです。

　人間で言えば、Γ（ガンマ）モデルそのものが血管で、イノベーションHUB人材はそこを流れる血液のようなイメージです。

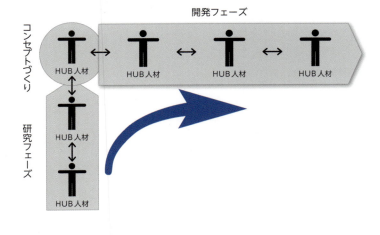

イノベーションHUB人材、6つの特徴

　イノベーションHUB人材が協力し合って「できない理由」と「やらなくていい理由」に対処すると書くと、従来型の「プロジェクトリーダー」や「担当者」、「プロジェクト事務局」をイメージするかもしれません。

　しかし、イノベーションHUB人材の思考パターンと行動パターンは、こうした従来型の人材とはまったく異なります。そして、このことを理解することはとても重要です。

　従来型人材とイノベーションHUB人材とでは、次の6つの点で違いがあります。

従来型人材 (PJM、担当、事務局)		イノベーションHUB人材
過去〜現在	視点	現在〜未来
調整する	メンバーとの関わり方	引き出す
スケジュール	PJ管理の優先順位	コンテンツ
無傷を目指す	リスク管理	致命傷回避
何でも屋	専門性	明確
Know Who	社内人脈の力点	Know Who → What

視点

1つ目は、**視点**です。

従来型人材は、**過去〜現在**に目を向けます。

彼らは、「過去に失敗した近い事例がないか?」「この手の案件は、過去どのように評価されたか?」を考えます。そして、「それは、過去に失敗しているから止めたほうがいいよ」となります。

一方、イノベーションHUB人材は、**現在〜未来に目を向けます**。

まず、「これが将来、何を生み出すのか?」と考えます。

そして、もし、「似たようなことを過去に試みたが失敗だった」ならば、**「すでに1回失敗しているのであれば、過去の経験を活かして次は成功するはず!」**と考えます。

メンバーとの関わり方

2つ目は、**プロジェクトメンバーとの関わり方**です。

従来型の人材は、調整役として動きます。
メンバーが"できない"点に関しては縮小する方向で進め、**全員ができると感じる"落としどころ"を探って**いきます。

一方、イノベーションHUB人材は**引き出そうと努力**します。

仮にできないと言われると、「どうすればできるようになるか、一緒に考えましょう！」「その件だったら、〇〇さんが詳しいはずなので、一緒に相談にいきましょう！」というように、とにかく **解決策を引き出そうと努力します。**

そう、イノベーションHUB人材は、自身がイノベーターである必要はないのです。彼らは、イノベーターの能力を引き出すことに長けた、**引き出し上手な人材なのです** 。

イノベーション HUB 人材、6つの特徴

プロジェクト管理の優先順位

3つ目が**プロジェクト管理の優先順位**です。

従来型人材は、**スケジュールを最優先**します。
プロジェクト初日にスケジューリングをして、これと進捗を対比させながらプロジェクトを進めていきます。

一方、イノベーション HUB 人材は**コンテンツ**（中身）**重視**です。

そもそも、これまでにやったことのない新しいことにチャレンジするのですから、初期段階でスケジュールなど引けるわけがありません。

それよりも、**やろうとしているコンテンツが生み出す価値やインパクトを高めるように、そして、その質を下げないことが第一の優先順位**となります。

リスク管理

4つ目は、**リスク管理に対する考え方**です。

従来型の人材は、会社、組織、そして自分自身が無傷であることを優先します。すなわち、**減点主義の発想**で行動します。

一方、イノベーションHUB人材は、当然リスクを考慮しますが、**致命傷回避の思考**で動きます。

もちろん失敗したら会社を潰すほどのリスクに関しては考慮しますが、新しいことをやろうとするので、**少々のかすり傷を負うのは当然、という思考で物事を進めます。**

イノベーションHUB人材、6つの特徴

専門性に対する考え方

5つ目が、**専門性に対する考え方**です。

従来型人材は、プロジェクトに関わる経験が増えてくると**「何でも屋」であることをアピール**します。「何でも屋」＝「プロの調整屋」という発想です。

一方のイノベーションHUB人材は、**自分の専門性を大事にします**。

イノベーションHUB人材であると同時に、自らの専門性でプロジェクトに貢献しようとします。

コンテンツの質を高めることに自ら関わることで、イノベーションHUB人材として、周囲からの信頼感が増すことを理解しているのです。

社内人脈の力点

最後は、**社内人脈の力点**をどこに置くかです。

従来型の人材は、誰々を知っている **"know Who"** を大事にします。

ひとたび問題が発生すると、「その問題なら、担当の○○さんの上司の□□さんをよく知っているから、調整しておきますよ」という感じです。しかも、その調整のための打ち合わせ場所が赤提灯だったりすることもよくあります。

一方、イノベーションHUB人材にとっては、「○○さんを知っている」ではなく、**「○○さんには□□の知識、経験、技術がある」ということのほうが重要**です。"know Who" の先に "know What" があるのです。

したがって、イノベーションHUB人材は、ひとたび問題が発生すると「その問題なら、○○さんの検討している□□の技術が解決の役に立つように思います。ちょっと相談してきますね」となります。

イノベーションHUB人材、6つの特徴

　このように、既存型人材とイノベーションHUB人材は、思考パターンと行動パターンがまったく異なります。

　このことを知らずに、Γモデルの各ポイントに従来型人材を配置してプロジェクトを進めようとすると、どうなるでしょうか？

　一見すると、Γモデルが機能しているように感じられるかもしれません。

　しかし、アウトプットをよく見てみると、既存のものと代わり映えのしないものしかないことに気づくはずです。

　それは、イノベーションを生み出すはずのΓモデルが、イノベーションとはかけ離れたものがポコポコと生まれてくる仕組みになってしまっているからです。

イノベーションHUB人材の育て方

　イノベーションHUB人材がどのような特徴を持っているのかがわかったところで、最後の、そして最大の課題を考えてみましょう。それは、

**社内に
イノベーションHUB人材は
いるのか？** ということです。

　多くの企業では、高度成長期からバブル経済の高品質なものを高効率で大量に生産するという勝ちパターンを支えてきた従来型人材が同種の人材を育成（複製）する、ということが慣例となっており、それが現在も続いています。

　しかし、この仕組みと風土の中では、**イノベーションHUB人材は育ちませんし、場合によっては排除されてしまいます。**

そうです。

**最後の、そして最大の課題は、
イノベーション HUB 人材がいない**

ということです。

　仮にイノベーション HUB 人材が豊富に揃っているのであれば、すでに、数多くのイノベーションが生まれているでしょうし、現状として困っていないはずです。つまり、本書を手に取ることもないのです。しかし、現実はそうなっていません。

　ですから、イノベーション HUB 人材は発掘するのではなく、**育成する必要があります**。

育成に必要な4つの経験

　それでは、どのようにしてイノベーションHUB人材を育成したらよいのでしょうか。

　ここでは、イノベーションHUB人材に与えるべき経験（栄養素）という観点からまとめてみました。

　イノベーションHUB人材を育成するための最も効果的な経験、それは、**外に出ることによって得られます**。積極的に自組織や会社の外に接点を求めて、巣穴から出ることが必須なのです。

自部署外に出かける（会社を知る）　　　社外に出かける（世の中を知る）

ベースとなる経験
1. メンバーから一目置かれ、本人の拠り所となる専門性の付与
2. リスクを怖がらないため、成功体験の付与
3. 既存事業でのプロジェクトマネジメントの経験の付与
4. 会社の方向性と経営陣の想いを理解するための、経営層の近くで仕事をする経験の付与

私自身も、前職でイノベーション組織のリーダーを任されるようになってから外に出る機会が一気に増えましたが、外に出るようになってから、成長速度が劇的に早くなったと感じています。

　それまで**10年かけて成長してきたものを、1年で吸収したような感覚**です。

　このとき、やはり、巣穴に籠っていてはダメだと実感しました。

　外に出て、新たな知見、他業種のトレンド、異なる価値観を大量にインプットし、これを上手に活用する（アウトプットする）能力を鍛錬することで、イノベーションHUB人材は成長します。

　そして、この能力を鍛錬するための第一歩は、とにかく外に出ることから始まります。

　しかし誰しも、**丸腰でいきなり外に出るのは不安**です。そして、この不安に打ち勝てずに、居心地のよい巣穴に留まってしまいます。

　そこで最後に、イノベーションHUB人材が外に出る自信が持てるようになる**4つの経験（栄養素）**に関して、自身の経験も踏まえてまとめました。

専門性を持つ

1つ目は、**専門性を持つ**ことです。

専門性がないと、周囲から一目置かれず、イノベーションHUB人材としても認めてもらえません。なぜなら、イノベーターたちは、専門性とこだわりの塊のようなキャラクターであることが多いからです。

ですから、彼らの能力を引き出すには、コメンテーターではダメです。**専門性を活かして、プロジェクトの中に溶け込む姿勢が求められる**のです。

また、専門性を持っていないと、イノベーションHUB人材自身も不安に陥ってしまいます。

人は誰しも、拠り所が必要です。専門性がないのにイノベーションHUB人材の役割を長い間続けていると、「自分は何者だろうか？」「将来のキャリアはどうなるのか？」と、不安定になってしまうのです。

成功体験を持つ

2つ目は、**成功体験**です。

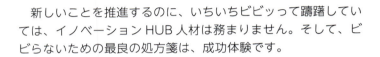

　新しいことを推進するのに、いちいちビビッて躊躇していては、イノベーションHUB人材は務まりません。そして、ビビらないための最良の処方箋は、成功体験です。

　人は成功体験があると余裕が生まれますし、もっと大きな成功を体験したいという欲も生まれてきます。

　また、成功体験があると、気持ちに貯金があるので、少々の失敗ではへこたれません。「一度成功しているのだから、失敗しても次こそ成功するはずである」と、楽観的に考えられるようになるのです。

　イノベーションは失敗を繰り返して生まれます。

　やや逆説的ですが、この **失敗を乗り越える胆力をつけるには、成功体験が必要** なのです。

　また、成功体験があると、周囲も一目置くようになるので、イノベーションHUB人材としての存在感も高まります。

プロジェクトマネジメントの経験を持つ

3つ目は、**プロジェクトマネジメントの経験**です。

これは、イノベーション案件でなくても構いません。既存事業や商品のプロジェクトで十分です。なんでもいいので、プロジェクトをマネジメントしたという経験をしてみてください。

なぜなら、イノベーションHUB人材としてプロジェクトを推進するには、知識と経験が絶対に必要だからです。どちらが欠けても、本人が不必要な苦労をすることになります。

イノベーションは、本来ワクワクするものです。しかし、経験不足から生じるストレスからイノベーションHUB人材がワクワクしなければ、プロジェクト全体もワクワクせず、熱量が下がってしまいます。

育成に必要な4つの経験

　守破離ではないですが、**何事も基本となる"お作法"が大切**ということです。

　理想的なパターンは、既存の事業や商品に関するプロジェクトをマネージする経験を通じて基本の型をインプットしたあとに、基本の型にこだわらずに自由な発想でイノベーションHUB人材として活躍する、です。

経営層の近くで仕事をする経験を持つ

　最後は、最も大切な栄養素、すなわち**経営層の近くで仕事をする経験**です。

　第7章でも触れたとおり、企業では、企画サイドと意思決定サイドのイノベーションの力点がかみ合っていないケースが、本当にたくさん存在します。
　しかしながら、この問題は、すでに説明したとおり、企画サイドと意思決定サイドが高頻度のコミュニケーションを取ることで乗り越えられます。

　4つ目の「経営層の近くで仕事をする」というのは、このことにさらに経営層（意思決定者）の意思や想い、ビジョンを、イノベーションHUB人材にインプットすることで、企画サイドと意思決定サイドのギャップを乗り越えていくという考え方です。

　経営層は、自身の想いと現実との間で日々葛藤しています。

　また、経営層の真の想いやビジョンは、A4用紙1枚にまとめられるようなものでもありません。言葉では表現できないような文脈やニュアンスも含めた、1つのイメージのようなものです。

育成に必要な4つの経験

これを理解するには、経営層の近くで仕事をするしかありません。

　そして、経営層の真の想いやビジョンを理解したイノベーションHUB人材が会社の各部門に散らばっていくことは、経営層にとっても素晴らしいことです。

　なぜなら、経営層の言外の意味をも理解した人材が、社内のイノベーションを力強く推進してくれるからです。

育成に必要な4つの経験

　「経営の真意を理解し、イノベーションを推進できるイノベーション HUB 人材の育成は、ある意味、今日のビジネス環境で企業が生き残るための次世代経営層の育成と同義である」と言っても過言ではない。そう私は考えています。

　イノベーション HUB 人材は、ボトムアップや自発的（自然発生的）には決して生まれません。イノベーション HUB 人材の育成は、経営や人事の仕事なのです。

企業における
イノベーションとは、
経営や人事の仕事である

おわりに

　この本を最後までお読みくださり、本当にありがとうございます。読者の皆さまに、「自分でも、新しいアイデアやコンセプトを思いつくことができるかも！」と、ワクワクした気持ちになってもらえたら、それだけで、この本は十分な役割を果たせたと思います。

　最近、オックスフォード大学のマイケル.A.オズボーン博士の2013年の論文「未来の雇用」がネットで話題となりました。この論文は、米国労働省が定めた702の職業をクリエイティビティ、社会的な知識、人の認識に頼る度合い、細かい動きといった項目ごとに分析し、それぞれの職業の10年後の消滅率を算出したものです。

　人口知能（AI）に取って代わられ消滅可能性の高い職業として、レジ係、データ入力者、ネイリスト、経理担当者、不動産仲介業者、銀行窓口係、小売り営業員、タクシー運転手、税務申告書作成者、クレジットカードやローンの審査員等が挙げられています。一方、ファッションデザイナーやインテリアデザイナー等のクリエイティブな仕事、経営や教員等の正解のない仕事は高い確率で残ると書かれています。

　そもそも、この確率計算はクリエイティビティが高く、人間の認識によるものほど消滅する確率が低くなるようになっています。そして、本書で解説したバイアスや、それを崩した新結合に対する良し悪しの判断などは人間の認識によるものなので、コンピュータが苦手とする分野です。すなわち、本書で紹介した発想力を身につけると、将来、職を失う可能性が低くなるかもしれません。

ちなみに、これは職業の話に限りません。発想力を身につけ、新しいアイデアが次から次へと浮かぶようになると、創作意欲とチャレンジ精神が刺激され、ワクワクした日々を過ごせるようになります。

　旧人（ネアンデルタール人）と新人（ホモ・サピエンス）は同じ祖先を有し、ほぼ同時期に生きていたとされていますが、ネアンデルタール人はその後絶滅しています。出土品からわかることは、ホモ・サピエンスは創意工夫により、石器の大きさや形状をその用途により進化させてきたことです。一方、ネアンデルタール人は約30万年間同じ石器しか製造していませんでした。

　最新の科学的解析から、この違いを生む遺伝子の違いもわかってきました。すなわち、われわれは創意工夫するように遺伝子にプログラムされているのです。

　創意工夫は、われわれ人類の本能的欲求です。ですから、発想力を磨くということは、人の生活をより豊かにすることに繋がるのです。

　もちろん、この本を読み終わったからといって、今すぐに発想力が磨かれるというわけではありません。一流のスポーツ選手、一流のマジシャンが、地道な鍛錬をして一流になったのと同じように、発想法の修得にも日々の鍛錬が必要です。

　ただ、この本を読む前と明らかに違うことは、「何を鍛錬したらいいのか？」をすでに理解していることです。定まった型がないと鍛錬することもできませんが、その点はもう心配ありません。

　しかも、この発想法は1人でも、どこでも、鍛錬することが可能です。ペンとノートさえあれば、もう装備としては完璧です。あとは、鍛錬と実践あるのみです。

　この本が発想法の鍛錬を始めるきっかけとなり、皆さまの生活がより豊かなものになりますことを心より願っております。

最後に、この本を執筆するにあたり、多くの方にサポートしていただきました。すべてのきっかけとなり、私の発想力を開花させていただいた師であるmonogoto社の濱口秀司さん、また編集のみならず、常に丁寧なサポートを頂きましたファーストプレスの上坂伸一さんと中島万寿代さん、および関係者の皆さま、素敵なイラストを描いてくれたイラストレーターのよこみさん、そして、鋭いアドバイスのみならず私を常に励まし続けてくださったアイディアポイント社の岩田徹社長に心よりお礼申し上げます。

　2016年春

東　信和

【著者プロフィール】

東 信和（ひがし・のぶかず）

博士（農学）
（株）ソルエルブ 代表取締役
（株）アイディアポイント アドバイザー

1994年にJT日本たばこ産業株式会社に入社。研究開発部門において、世界初となる「気になるにおいを抑えたシガレット」「吸い応えのあるタール1mgシガレット」等、JTにおけるヒット商品を生み出す。また、香りサイエンスのエキスパートとして、香り設計の新技術を開発する。

2011年より、初代の事業企画室イノベーション推進担当部長として、JTイノベーションラボ「iCOVO」を立ち上げる。経営トップにイノベーティブな商品コンセプトを提案するかたわら、大企業の中で新しい分野の商品を生み出す仕組みづくりに取り組む。2014年10月より経営企画部部長。全社経営に携わる。

2015年10月より、（株）ソルエルブ代表。現在、イノベーションコンサルタントとして活動中。

2013年より、日本生産性本部経営アカデミー主催のイノベーションデザイン研究会のプログラムコーディネータおよび講師を務める。

「なるほど、その手があったか!」が量産できる
"ひらめき"の作法
2016年5月20日 第1刷発行

- 著　者　東 信和
- 発行者　上坂 伸一
- 発行所　株式会社ファーストプレス
　〒105-0003　東京都港区西新橋1-2-9
　電話 03-5302-2501（代表）
　http://www.firstpress.co.jp

イラスト（4コマ）　よこみ
写真・画像　Shutterstock.com
DTP・装丁　株式会社オーウィン
印刷・製本　シナノ印刷株式会社
編集担当　中島万寿代
ⓒ2016 Nobukazu Higashi
ISBN 978-4-904336-93-9
落丁、乱丁本はお取替えいたします。
本書の無断転載・複写・複製を禁じます。
Printed in Japan